사
장
을
위
한
심
리
학

PSYCHOLOGY
BOSS
FOR THE

경영의 99%는 사람의 마음을 읽는 것이다

사장을 위한 심리학

천서우룽 편저 홍민경 옮김

센시오

사장에게 필요한 심리학은 따로 있다

기업을 경영한다는 것은 실질적으로 사람의 마음을 관리하는 과정이다. 이를 체감한 많은 사장들이 심리학에 관심을 기울이고 회사 내 교육과정에 도입하려 애쓰고 있지만, 문제는 한 개인이나 중간관리자 선에서 알아야 할 심리학의 영역과 사장이 알아야 할 심리학의 영역이 명백히 다르다는 데 있다.

예를 들어 직원마다 일에 대한 생각과 관점이 각기 다르다. 저마다의 욕구에 따라 각종 이해관계가 얽혀있으니 이와 관련된 대립도 종종 일어난다. 회사가 발전하기 위해서는 이렇게 제각각인 직원의 상태를 파악하고 그들의 응집력과 충성도를 높여야 한다. 그렇다면 전체를 조율해야 하는 사장은 어디에 중점을 두고 어떻게 소통해야 하는가?

또한 사장은 최종의사결정권자이다. 작게는 회사 내 자잘한 문제부터 크게는 회사의 존망을 가를 중대한 이슈까지 사장의 손에 의해 판가름이 난다. 그러다 보니 심리적 압박을 크게 느낄 수밖에 없는데, 이때 적절히 대처하고 올바른 결정을 내리려면 어떻게 해야 하는가?

게다가 사장은 자신의 감정과 행동이 조직에 미치는 영향을 간과해서도 안 된다. 사장의 감정 성숙도는 조직 전체에 퍼져나가 회사 분위기를 움직이고, 더 나아가 경영실적까지 좌우한다. 그렇다면 어떻게 감정을 다스려야 직원과의 적정거리를 유지할 수 있는가?

이런 것들이야말로 바로 '사장을 위한 심리학'에서 다뤄야 할 문제다. 경영과 심리학은 떼려야 뗄 수 없는 관계이기 때문에, 사장이라면 심리학을 다각적인 관점에서 심도 깊게 이해해야만 한다.

심리학의 대가 프로이트는 '인간은 심리적 동물이며 그 정서, 가치관, 사고방식, 생각, 선택의 방식은 모두 환경, 교육, 경험에 의해 좌우된다'고 했다. 잭 웰치는 제너럴 일렉트릭의 최고 경영자 자리에 있을 때 기업경영과 심리학의 상관관계에 대해 이런 평가를 했다. "당신이 기업의 리더로서 재무나 전문지식은 몰라도 심리학만큼은 절대 모르면 안 됩니다. 심리학을 등한시한 채 최고의 경영자가 될 수 있다는 착각은 버리십시오." 중국의 유명한 CEO 리자청은 경영에 대한 지식은 심리를 아는 것만 못하고, 직원의 마음을 알아야 그들을 더 잘 파악할 수 있다고 했다. 이렇게 수많은 심리학자와 CEO들이 강조했듯이, 심리학은 직원의 속마음을 파헤쳐서 지금 당장 필요한 비즈니스의 해법을 제시한다.

사장이 똑똑하고 처세술에 능한 것도 물론 중요하다. 하지만 인간관계와 소통의 문제를 해결하고 기업발전의 속도를 높이고 싶다면, 마음의 작동 원리를 이해하고 좀 더 능동적으로 비즈니스에 대처할 필요가 있다. 만약 당신이 사장으로서 회사를 강력한 조직으로 키우고 싶다면, 심리학 속에 그 답이 있다.

목차

PSYCHOLOGY
BOSS

PART 1
자기감정도 다스리지 못하는 사장이
무슨 일을 할 수 있을까

PART 2
왜 일 잘하는 직원이
남아나질 않는가

PART 3
직원과의 적당한 거리를
유지하는 소통 심리학

PART **4**

사장이 의사결정할 때
알아야할 심리학

PART **5**

고객의 마음을 꿰뚫어보는
심리법칙

PART 6

사장이 인간관계를 맺을 때
알아야 할 심리원칙

PSYCHOLOGY FOR THE BOSS

자기감정도 다스리지 못하는 사장이 무슨 일을 할 수 있을까

자기감정을 다스리지 못하는 사장은 상황을 주도할 수 없다. 더 큰 문제는 단순히 사장 개인의 문제로 끝나는 것이 아니라, 회사 전체에 부정적인 영향을 끼치는 악순환의 고리를 만든다는 것이다.

실제로 『EQ』의 저자이자 세계적 심리학자인 대니얼 골먼은 자신의 연구를 통해 사장의 감정상태가 조직 전체에 전기가 흐르듯 퍼져나간다는 사실을 증명한 바 있다. 그만큼 감정관리는 성공적인 기업운영의 핵심이며, 모든 경영자가 최우선으로 해내야 하는 근본적인 임무이다. 이에 이 장에서는 자기감정을 다스리기 위해 사장이 꼭 알아야 할 심리학적 해법을 소개한다.

첫 번째 명제_사장의 감정관리는 기업운영의 보이지 않는 손이다

 자신의 부정적 감정을 타인에게 함부로 쏟아붓는 사람들이 많습니다. 그런데 만약 사장이 이런 식으로 행동한다면 어떨까요? 사장의 부정적 감정은 무서운 속도로 조직 전체에 퍼져나갈 것이고, 이는 조직의 사기를 위협하는 커다란 위험요소가 될 수 있습니다. 당신은 사장으로서 이런 위험을 충분히 인지하고 있습니까?

독일의 유명한 화학자 빌헬름 오스트발트가 지독한 치통에 시달리고 있던 어느 날이었다. 마침 그의 책상에는 한 젊은이가 보낸 논문이 놓여있었는데, 아무리 읽으려고 해도 통증 때문에 제대로 집중을 할 수가 없었다. 대충 훑어보던 그는 솟아오르는 짜증을 어쩌지 못하고 휴지통에 논문을 던져버리고 말았다.

얼마 후 치통이 가라앉자 기분이 훨씬 좋아지면서 마음의 여유가 찾아왔다. 그 순간 그의 머릿속에 떠오른 건 며칠 전 읽었던 황당하고 기발한 이론이었다. 그는 얼른 휴지통으로 달려가 버렸던 논문을 다시 끄집어내 꼼꼼히 살피기 시작했고, 그 결과 논문의 높은 학술적 가치를 발견할 수 있었다. 그는 논문을 쓴 사람의 새로운 사고에 놀라움을 금치 못했을 뿐 아니라, 자신의 기분과 컨디션이 안 좋다는 이유로 한 천재의 훌륭한 논문을 매장시킬 뻔 했다는 사실에 등골이 오싹해졌다. 그는 곧바로 학술잡지에 서신을 보내 그 논문을 추천했다. 이 논문은 세상에 발표된 후 학술계에 큰 파장을 일으켰고, 훗날 논문의 저자는 노벨상을 수상했다.

오스트발트의 기분이 며칠 만에 좋아지지 않았다면 과학적 가치가 높았던 그 논문은 빛을 보지 못했을 수 있다. 이렇듯 한 사람의 행동은 대부분 심리상태의 영향을 받는다. 심리상태에 따라 기분이 좋아지거나 열의가 넘치기도 하고, 위축되거나 의욕을 상실하기도 한다. 심리상태는 우리의 뇌에 영향을 끼친다. 때론 문제를 냉정하게 처리하도록 돕지만, 반대로 걱정만 앞서 충동적으로 어리석은 짓을 저지르게도 만든다. 평온하고 침착한 모습과 긴장하고 불안해하는 모습이 공존하는 것은 모두 심리상태의 영향을 받기 때문이다. 일반적으로 한 사람의 바람이 충족되면 긍정적이고 밝은 감정이 만들어진다. 반대로 바람이 충족되지 못하면 그 사람의 감정은 우울해지고 부정적으로 변한다. 그리고 이는 기업경영에 있어서도 똑같이 확대적용될 수 있다.

기업의 핵심 자산은 2가지이다. 하나는 지식이고, 또 하나는 감각, 신념, 인지, 가치관 등 무형의 자산으로 이루어진 '감정자본'이다. 미국 심리학자 스미스는 감정을 '지능자본의 연료'라고 표현했다. 그는 감정자본이

기업을 위해 대량의 부를 창출할 수도 있지만, 제대로 관리하지 못하면 기업 전체의 근간을 흔들리게 만든다고 여겼다.

『EQ』의 저자이자 세계적 심리학자인 대니얼 골먼은 사장의 감정관리야말로 성공적인 기업운영의 관건이자 발전을 이끄는 '보이지 않는 손'이라고 지적했다. 골먼을 중심으로 한 연구진은 최신 대뇌신경학과 심리학을 바탕으로, 기업 경영자의 관리모델에 관한 여러 연구결과를 약 2년에 걸쳐 분석했다. 이를 통해 그들은 '마치 전기가 전선을 따라 사방으로 흐르는 것처럼, 경영자의 감정상태가 전체 조직 속으로 빠르게 퍼져나가는 현상'을 밝혀냈다. 예를 들어 어떤 경영자는 사소한 일로 불같이 화를 내며 직원들을 질책하고 물건을 던진다. 이것은 '감정합선'의 전형적인 증상이다. 전기합선은 전자기기를 태워 망가뜨리고 심하면 화재를 일으킬 수 있다. 마찬가지로 감정합선 역시 사장 자신과 직원에게 상처를 입히고, 더 나아가 기업경영에 악영향을 초래할 수 있다.

경영자의 감정 성숙도(자아인지, 공감 등)는 직원의 기분과 행동에 영향을 줄 뿐만 아니라 기업의 경영실적과도 밀접한 관련이 있다. 화를 잘내고 엄격한 경영자는 조직의 분위기를 어둡게 만들고, 직원들의 행동과 심리는 그 영향을 받아 일을 할 때도 위축되거나 부정적으로 변할 수 있다. 반대로 긍정적이고 낙관적이며 격려와 칭찬을 아끼지 않는 경영자는 직원들이 도전적이고 열린 사고를 하도록 분위기를 조성하기 때문에 업무 효율 역시 높아진다.

이렇게 골먼은 연구결과를 통해 감정관리야말로 모든 경영자가 반드시 해내야 하는 가장 근본적인 임무라고 밝혔다. 그러므로 전략, 예산, 인사이동의 계획을 세우기 전에 경영자가 가장 먼저 해결해야 할 **중요한 일**은 바로 자신의 감정과 행동이 조직에 어떤 영향을 미치는지를 파악하고 어떻게 개선할 수 있는지를 검토하는 것이다.

❓ 심알못 사장을 위한 한마디

이 외에도 수많은 연구결과들이 감정의 전염성을 증명하고 있다. 예를 들어 기분이 안 좋을 때는 인체 내 부신피질 호르몬 분비가 평소보다 5배에서 6배까지 치솟는 다고 하는데, 이럴 땐 냉정을 유지하며 정확한 판단을 하기가 힘들 수밖에 없다. 집 중력이 떨어지고 부정적인 생각이 앞서기 때문에 당연히 일에도 그 여파가 미친다. 그러므로 기분이 안 좋을 때는 중요한 일을 일단 내려놓았다가 기분이 나아지면 그 때 처리하는 편이 유리하다.

경영자의 감정상태는 기업의 발전을 좌우하는 열쇠가 되므로, 매순간 좋은 감정을 유지하는 것이 무엇보다 중요하다. 한 조직을 책임지는 사람일수록 적절한 방법으로 자신의 감정을 분산시키거나 조절하는 법을 배워, 감정 때문에 일을 그르치는 불상사를 막아야 한다.

두 번째 명제_자기감정을
다스려야 상대를 움직일 수 있다

 많은 사장들이 이성적으로 생각해서 결정을 내린다고 확고히 믿고 있지만, 사실 이 모든 과정은 언제나 감정을 기반으로 이뤄집니다. 게다가 크고 작은 문제상황에 부딪치게 되면 감정의 영향을 더욱 많이 받게 되므로, 그 순간 얼마나 자기감정을 잘 다스려서 적절히 대처하는가가 직원의 마음을 얻는 중요한 열쇠가 됩니다.

성공학의 대가 나폴레온 힐은 자신의 감정을 먼저 다스릴 줄 알아야 상대의 마음을 움직일 수 있다는 말을 남겼다. 실제로 치열한 비즈니스 현장에서 자기감정을 다스리는 것은 매우 중요한 일이다. 특히 크고 작은 문제상황에 부딪치게 되면, 평소 아무리 이성적인 사장이라도 감정에 빠져 일을 그르치기가 쉽다.

예를 들어 급하게 차를 몰고 중요한 모임에 갈 때 도로가 막히면 약속에 늦을까 봐 화부터 난다. 직원이 자신의 지시내용과 전혀 다른 업무보고를 할 때, 애써 잘 키워놓은 직원을 다른 회사에서 빼내갈 때, 경쟁사가 수단과 방법을 가리지 않고 오랜 고객을 빼앗아갈 때…. 이런 일들로 감정이 흔들리면 이성적인 판단을 내리기가 쉽지 않다. 회사를 운영하다 보면 여기저기서 각종 악의적인 비방과 모함도 겪을 수 있다. 이럴 때 어떤 사장은 얼굴을 붉히며 불같이 화를 내다가 일을 점점 더 엉망진창으로 만들어버린다. 반면에 어떤 사장은 그런 상황 속에서도 자신의 감정을 다스리며 의연하게 대처해나간다.

1980년 미국 대선기간 중에 당시 대선의 판도를 한 차례 뒤흔든 TV토론회가 열렸다. 이때 지미 카터는 배우 출신이었던 레이건의 치부를 드러내며 그를 깎아내렸다. 경쟁자의 도발이 시작되었지만 레이건은 도리어 세련되게 두 손을 들어 올리며 "또 시작이시군요."라고 위트 있게 받아쳤다. 그 순간 방청석에서 웃음이 터졌다. 자신 있고 유머러스해 보이는 레이건과 달리 카터는 짜증스러운 표정을 감추지 못한 채 궁지로 내몰렸다. 결국 세련된 표정과 말투 덕에 레이건은 더 많은 유권자의 신뢰와 지지를 얻었고, 대선에서 승리해 제40대 대통령에 당선될 수 있었다.

만약 레이건 대통령이 자신을 비난하는 지미 카터의 말에 휘둘려 평정심을 잃었다면, 유권자의 마음을 사로잡지 못했을 것이다. 자기감정을 다스릴 줄 아는 사람만이 남을 자신의 뜻대로 움직일 수 있고, 이것은 성공한 사람이 지켜야 할 불문율이기도 하다. 링컨 대통령 역시 자기감정을 잘 다스리는 고수 중의 고수였다.

어느 날, 국방부 장관 에드윈 스탠턴이 링컨 대통령을 찾아왔다. 그는 한 장교가 모욕적인 말로 자신을 비방하고 있다고 불같이 화를 내며 열변을 토했다. 링컨은 그의 편을 들어주며 같이 화를 냈다. 그리고 스탠턴에게 속 시원하게 한 방 먹일 수 있는 원색적인 내용의 편지를 당장 써보라고 말했다. 스탠턴은 그 자리에서 자신의 감정을 모두 담아 편지를 쓴 후 그것을 링컨에게 보여주었다.

"그렇지! 아주 제대로 한 방 먹일 수 있겠군! 자네 속이 풀릴 만큼 아주 제대로 된 표현들이네! 아주 훌륭해, 스탠턴!"

링컨은 스탠턴의 편을 들어주며 기분을 한껏 치켜세워주었다. 스탠턴이 득의양양해 그 편지를 접어 봉투에 넣으려 하자 링컨이 물었다.

"그 편지를 어떻게 할 생각인가?"

"어쩌다니요? 당장 그 놈에게 보내야죠!"

링컨이 놀란 눈을 치켜뜨며 그를 말렸다.

"말도 안 되는 소리! 당장 그 편지를 난로에 던져 태워버리게. 이보게, 스탠턴, 나 또한 화가 났을 때 쓴 편지는 늘 그리 처리해왔다네. 그 편지에는 자네의 생각과 감정이 아주 잘 쓰여있었네. 그렇다면 그 편지를 쓰면서 자네의 화난 마음도 어느 정도 풀렸을 거라고 보는데 안 그런가? 그러니 당장 그 편지를 태워버리게나."

부정적인 감정을 타인에게 직접 쏟아붓는 것이 도리어 리더십을 실추시킬 수 있으니 링컨의 감정 배출 방법은 그야말로 상책이라 할 만하다.

물론 감정을 잘 다스리는 것이 생각처럼 쉬운 일은 아니다. 사람의 마음속에는 자신만의 생각과 감정이 자리 잡고 있다. 그렇기 때문에 자신을 제어하려면 내면 깊숙한 곳에 있는 감정과 욕망을 자제할 수 있어야 한다. 사실 성공한 경영자들의 면면을 살펴보면 초인적인 능력을 가지고 있거나 타고난 인재라기보다, 이렇게 자신을 제어하는 능력이 남들보다 훨씬 뛰어난 경우가 대부분이다.

❓ **심알못 사장을 위한 한마디**

부정적인 감정이 치밀어올라 감정조절이 쉽지 않다면, 다음과 같은 방법을 통해 의식을 전환시키고 평정심을 찾도록 해보자.

· 두 눈을 감는다. 화가 날 때 두 눈을 감거나 시선을 다른 곳으로 옮기면 화를 빨리 잠재울 수 있다.
· 목 운동을 한다. 화가 나면 보통 목이 뻣뻣해진다. 이럴 때 목을 좌우로 돌려 움직이다 보면 분노의 감정이 자연스레 줄어든다.
· 녹색식물의 냄새를 맡으며 심호흡을 한다. 식물의 청량한 향은 후각을 거쳐 후뇌, 전뇌, 시상하부까지 전달되어 마음을 진정시킨다.
· 자신을 안아주자. 두 손으로 자신을 꼭 안아주면 긴장과 불안감이 크게 해소되면서 훨씬 침착해질 수 있다.
· 주변에 아무도 없다면 손뼉을 치거나 발을 동동거리는 방식으로 화를 누그러뜨릴 수 있다. 시간은 너무 길 필요 없이 2~3분 정도면 충분하다.
· 말하는 속도와 톤을 3분의 1로 떨어뜨리자. 말하는 속도와 톤을 낮추면 자신의 화난 감정을 다스리는 데 아주 도움이 된다.
· 유머러스하게 대처하자. 유머는 분노와 동시에 공존할 수 없기 때문에, 잘 활용하면 화를 효과적으로 다스릴 수 있다.

세 번째 명제_분노의 본질에 따라 대처법도 달라야 한다

 사람마다 부정적인 감정을 느끼는 이유와 정도가 모두 다르고, 기분과 환경적 요인에 따라 대처법도 달라지게 마련입니다. 하지만 특정 상황에서 반복적으로 분노를 느낀다면, 이는 당신이 사장으로서 반드시 극복해야 할 심리적 문제라 할 수 있으며, 그 본질을 살펴 현명하게 다스릴 필요가 있습니다.

하버드대학 심리학과 교수인 윌리엄 폴락은 현명하게 화내는 법을 강조한 바 있다. 오랫동안 감정을 억누르고 화를 드러내지 않는다면 몸과 마음에 부정적인 영향을 줄 수 있기 때문이다.

이에 심리학자들은 분노의 본질을 몇 가지로 나누고 각 유형에 따라 맞춤형 해결방안을 제시했는데, 자신의 유형을 살펴보고 적절한 대처법을 실천하도록 하자.

1. 폭발형 분노 : "계속 이딴 식이면 당신은 끝이야!"

화를 참다가 한꺼번에 폭발시키는 유형이다. 물론 개중에는 폭발에 이르기까지 오랜 시간이 걸리는 사장도 있고, 화가 많은 성격을 타고나 아드레날린이 자주 급상승하는 사장도 있다. 어쨌거나 문제는 분노가 폭발적으로 표출되다 보니, 심각한 결과를 초래하기 쉽다는 것이다. 이런 유형은 화를 낼 때 동정심을 갖는 경우가 극히 드물기 때문에, 말과 행동이 정도를 벗어나 나중에 후회하기 십상이다. 그럼 어떻게 해야 폭발형 분노의 부정적 영향에서 벗어날 수 있을까?

① 나를 주어로 말하기

말은 '아' 다르고 '어' 다른 법이다. 이 유형은 화가 났을 때 직원에게 비난이나 질책을 거침없이 표현해서 수습하기 어려운 경우가 많으므로, 우선은 나 자신을 주어로 내 감정을 전달하는 데에 포커스를 맞춰보자. "당신은 정말 한심하고 최악이야."라는 말 대신 "나는 지금 속상하고 마음이 아프군요."라는 말이 훨씬 도움이 된다.

② 1부터 10까지 숫자 세기

하버드대학 심리연구소는 폭발형 분노가 대략 12초 동안 지속된다고 밝혔다. 마치 폭풍우처럼 단시간에 모든 것을 휩쓸고 지나간 후 놀라울 정도로 잠잠해진다는 것이다. 그렇다면 이 12초 안에 어떻게 해서든 화를 다스리는 것이 관건이다. 심호흡을 하거나 마음속으로 1부터 10까지 숫자를 세어보자.

2. 숨김형 분노 : "난 괜찮아. 정말이야. 아무 문제 없어."

마음속에 곧 폭발할 것 같은 화약통을 안고 있지만 감정을 숨긴 채 웃는 얼굴로 사람들을 대하는 유형이다. 이는 어릴 때부터 무슨 일이 생겨도 함부로 화를 내서는 안 되며 교양과 품위를 지켜야 한다고 배워온 탓이 크다. 또 직원 앞에서 좋은 사람이고 싶은 마음에, 할 말이 있어도 속으로 삭이는 까닭도 있다.

분노의 가장 기본적인 작용은 어떤 일에 문제가 생겼으니 해결방안을 찾아야 한다는 것을 예고하는 것이다. 만약 이런 예고를 무시한다면 당신은 폭식이나 과소비 등 자멸의 방식으로 화를 분출하게 된다. 이 유형은 아래 방법이 효과적이다.

① 생각의 벽을 깨는 일에 도전하기

직원의 잘못을 참고 지나가는 것이 과연 잘한 일인지 스스로에게 물어보자. 자신의 진짜 속내를 들여다보면 그 답은 당연히 '아니다'로 나올 것이다. 자신이 원하는 방향으로 관계를 개선시키는 첫걸음을 떼어보자.

② 건강한 반격 가하기

직원의 말이나 태도에 화가 났다면, 얼마든지 긍정적인 반격을 가해도 된다. 직원이 그 말에 놀라거나 기분 나쁜 티를 내더라도 상관없다. 그들은 얼마 안 가 당신의 말을 받아들이고 그 방식에 익숙해질 것이다.

3. 조롱형 분노 : "나보고 편하게 밥 먹으라고 40분이나 늦게 보고를 했나 봐? 배려심도 참 깊으셔!"

이 유형은 화가 나는데도 웃는 낯으로 말을 돌리고 비비꼬며 상대를 조롱

한다. 당신은 왜 조롱형 분노유형이 되었을까? 보통은 직접적으로 화를 내는 것이 자신에게 아주 불리하다는 것을 예전에 경험한 후, 우회적으로 화를 드러내는 노선을 선택한 경우가 많다. 이때 직원이 기분 나빠하면, 그것은 그들의 책임일 뿐이다. 당신은 그저 농담을 한 것에 불과하니 말이다.

본인이 유머러스하다고 느낀들 지능적인 조롱에 불과하니 결국 직원에게 상처를 입히고 관계가 무너질 수밖에 없다. 조롱이 지혜로운 유머라고 우기는 사장도 있겠지만, 직원이 그것을 유머로 받아들이지 못하거나 의도를 간파할 수 없다면 설득력이 떨어지는 것은 당연한 일이다. 조롱형 분노유형의 부정적 영향을 피하는 방법은 다음과 같다.

① 자신의 감정을 그 자리에서 직접적으로 표현하기

조롱은 피동적인 공격수단이다. 기업에 충성하는 직원일수록 이런 방식에 크게 상처를 입을 수 있다. 그러므로 당신의 진심을 직접적으로 표현할 수 있는 말을 찾아 전달하는 것이 더 효과적이다.

② 부드럽고 명확하게 표현하기

사람은 간단명료하고 부드러운 충고에 더 잘 반응한다. 예를 들어 직원이 종이를 너무 낭비하는 것 같으면 빙빙 돌려 비꼬듯 말하지 말고 "종이를 낭비하지 맙시다!"라고 말해야 더 확실하게 귀에 박히는 법이다.

③ 미리 불만 쏟아내기

직원이 일을 제대로 처리하지 않아 화가 났다면, 그를 만나기 전 그에게 쏟아붓고 싶었던 말을 모두 입 밖으로 내뱉어보자. 직원을 보자마자 날카로운 조롱을 퍼붓는 일을 피할 수 있다.

4. 파괴형 분노 : "사장인 내가 이렇게 골머리를 앓고 있는데, 고민하는 시늉이라도 해야 할 거 아냐?"

내가 못하면 남도 못하게 해야 직성이 풀리는 유형이다. 숨김형 분노유형과 유사한 면이 있으나 그렇다고 무작정 참으면서 분노를 속으로만 삼키는 건 아니다. 보통 이런 유형의 사장은 '은밀한 분노자'로 바뀌어 암암리에 직원을 공격하기 때문이다.

파괴형 분노유형은 대개 '사장인 내가 참고 있으니 직원인 당신도 하면 안 된다' 또는 '사장인 내가 이 정도로 하고 있으니 직원인 당신도 이 정도는 해야 한다'는 식의 생각패턴을 보인다. '당연성'을 전제로 하기 때문에 이를 지키지 않는 직원을 보면 악감정이 생기고, 직원은 억울하게 미움받는다는 생각에 사장에 대한 악감정을 가지게 된다. 그러니 파괴형 분노유형은 다음과 같이 대처하기를 추천한다.

① 화가 나면 숨기지 말고 화내기

화가 났을 때는 직원의 어떤 말이나 행동이 문제인지를 확실히 알리는 것이 좋다.

② 자신의 현재 상황 바꾸기

지나치게 높은 기대감 때문에 강한 심리적 압박을 받고 있다면, 당신은 파괴형 분노유형이 될 확률이 높아진다. 그러니 자신의 현재 상황을 바꿀 만한 시도를 해보자. 예를 들어 업무를 혼자 감당할 수 없다고 판단되면 노심초사하며 그 스트레스를 직원들에게 풀지 말고, 직원들과 분담하려는 결단력이 필요하다.

5. 습관형 분노 : "젠장, 무슨 일을 이딴 식으로 한 거야!"

이것은 일의 해결을 위해 적절한 반응을 보인 것이 아니라 습관적으로 분노를 표출한 것에 불과하다. 만약 사장이 의식적으로 노력하지 않는다면, 이는 조직의 분위기를 해치는 커다란 원인이 될 수 있다.

습관성 분노를 야기하는 원인은 무엇일까? 당신이 이런 분노를 조심성 없이 늘 터트린다면 그 배후에 주목할 필요가 있다. 거기에는 마주하고 싶지 않거나 평소 무심히 지나쳤던 원한, 유감, 실패의 감정들이 분명 숨어있을 것이다.

습관형 분노는 늘 직접적이고 습관적으로 터지는 탓에, 직원들은 사장이 언제 화를 낼까 전전긍긍하며 한시도 긴장의 끈을 놓지 못한다. 어쩌면 그들은 사장과 점점 멀어지는 길을 선택하게 될지도 모른다.

① 화내는 대상이 무엇인지를 살펴보기

습관적으로 화를 표출한다면, 이는 그 상황이나 직원에게 화를 내는 것이 아니다. 정확히 왜, 누구에게, 무엇에 화가 났는지 돌이켜보자.

② 문제해결에 집중하기

순간적으로 치밀어오르는 감정 대신 어떻게 문제를 해결할지에 포커

스를 맞춰 집중해보자. 합리적인 방법을 찾아 고민할수록 이성적인 대처
가 가능해진다.

> ### ❓ 심알못 사장을 위한 한마디
>
> 분노는 혼자 존재하기보다 두려움, 원망, 불안과 같은 다른 감정과 함께 찾아온다.
> 분노는 쉽게 피할 수 있는 감정이 아니다. 그렇다면 우리는 이런 감정을 억누르기
> 보다 분노의 유형에 맞춰 건강하게 분출시키는 방법을 찾을 필요가 있다.
>
> 앞서 본문에서 언급한 것처럼, 폭발형 분노 타입은 마음속으로 1부터 10까지 세고,
> 숨김형 분노 타입은 자신이 정해놓은 틀을 깨고 건강한 방식으로 반격해야 한다.
> 조롱형 분노 타입은 자기감정을 그 자리에서 빙빙 돌리지 말고 명확하게 표현해야
> 하고, 파괴형 분노 타입은 화가 나면 숨기지 말고 자신이 처한 상황을 바꾸려는 노
> 력을 해야 한다. 습관형 분노 타입은 자신의 속마음을 직접 들여다보고 무심결에
> 지나친 분노의 흔적들을 찾아내야 한다.
>
> 이런 식으로 분노의 유형에 맞춰 그 감정을 다스려야 분노로 인해 발생하는 부정적
> 영향을 최소화할 수 있다.

네 번째 명제_심리적 쓰레기통을 제때 비운다

 사람은 누구나 하루에도 몇 번씩 크고 작은 스트레스를 경험합니다. 특히 치열하게 노력했지만 실패하게 됐을 때, 사장이 느끼는 스트레스와 절망감은 상상을 초월하죠. 이렇듯 마음의 균형이 무너지는 그 순간, 당신은 흔들리는 마음을 다잡고 다시 힘을 내기 위한 전략을 가지고 있습니까?

생활 곳곳에서 휴지통은 꼭 필요하다. 책상 아래나 컴퓨터 안에 존재하는 휴지통에는 눈에 보이는 쓰레기를 담을 수 있다. 마찬가지로 우리 마음속에도 눈에 보이지 않는 무형의 쓰레기들이 존재한다. 바로 초조함이나 긴장, 스트레스 같은 감정들이다. 가정의 자질구레한 일, 부하직원과의 갈등, 심지어 미세먼지로 가득 찬 흐린 날씨조차도 우리 마음에 부정적 영향을 미칠 수 있다. 한 가지 다행스러운 점이 있다면 사람은 누구나 이런 감정을 조정하고 해소할 수 있는 잠재력을 가지고 있다는 것이다.

많은 사람이 스트레스를 부정적이고 위험한 요인으로만 바라보지만, 스트레스는 양면성을 가지고 있다. 만약 스트레스를 긍정적 요인으로 간주한다면 그것은 사람을 성장시키는 호르몬이 될 수도 있다. 반대로 스트레스를 부정적으로 접근하면 그것은 철천지원수가 되어 우리의 숨통을 조여올 것이다.

1888년, 미국 제23대 대통령 선거 개표 당일. 당시 대통령 후보였던 벤저민 해리슨의 표밭은 인디아나주에 몰려있었고, 그곳은 저녁 11시나 되어야 발표가 나는 상황이었다. 드디어 개표가 끝나고 벤저민 해리슨이 23대 대통령으로 당선되는 순간, 그의 친구는 가장 먼저 축하인사를 건네고 싶어 전화를 걸었다. 그런데 수화기 너머로 그가 자고 있으니 방해하지 말아달라는 말이 들려왔다.

누가 대통령으로 당선되느냐를 두고 다들 초긴장 상태로 개표결과를 기다리고 있는데, 정작 출마 당사자는 결과를 지켜보는 대신 일찍 잠자리에 들다니 어떻게 그럴 수 있었던 걸까? 나중에 그는 그 이유에 대해 담담하게 이렇게 말했다. "내가 낙선하면 잠을 안 자고 지켜본다고 한들 달라질 일이 없을 겁니다. 반대로 당선되면 내일부터 정신없이 바빠질 테니 휴식을 좀 취해두는 게 현명한 선택이라고 생각했습니다."

이는 시시각각 강도 높은 스트레스에 시달리는 경영자들에게 좋은 본보기가 되어준다.

후진샹 사장은 요즘처럼 힘든 적이 없었다. 처음 정했던 목표는 멀게만 느껴졌고, 시간이 지날수록 스트레스도 쌓여갔다. 어떤 사람들은 마음이 우울하고 불안할 때 맛있는 음식을 찾아 먹으며 스트레스를 해소하기도 한다는데, 후진샹에게는 그런 방법도 통하지 않았다. 그 당시 그녀는 맛있는 음식을 입에 넣어도 종이를 씹는 맛밖에 느끼지 못했기 때문이다. 후진샹은 방법을 바꿔 미친듯이 쇼핑을 하거나 헬스클럽에 나가보기도 했지만 이 또한 기분을 바꾸는 데 전혀 도움이 되지 않았다.

그러던 어느 날, 친구가 전화를 걸어 함께 노래방에 가자고 그녀를 불러냈다. 불안한 마음에 휩싸여 한창 고민을 하느라 그럴 기분이 전혀 아니었지만, 친구는 끈질기게 설득했다.

"그렇게 집에서 머리 싸매고 있다고 문제가 해결되는 것도 아니잖아? 일단 나와서 스트레스라도 확 풀고 들어가!"

친한 친구를 오랜만에 만나는 자리라 자신의 감정을 있는 그대로 드러내는 것도 미안한 일이었다. 노래방에 도착한 후 후진샹은 감정이 격해져 행여 상처되는 말을 하느니 차라리 계속해서 노래를 부르는 편이 나을 것 같았다. 그녀는 비트가 빠르고 고음이 많은 노래를 연이어 선택해 소리를 고래고래 지르며 목청껏 노래를 불러댔다. 그런데 그렇게 아무 생각 없이 몇 곡을 부르고 나자 그녀는 속이 후련해지며 숨통이 트이는 것 같았다. 물론 고민이 근본적으로 해소된 것은 아니었지만 자신을 억누르던 감정의 굴레를 떨치고 나온 듯 후련함이 느껴졌다.

인간은 뜻하는 만큼 바람을 이루지 못했을 때 다른 바람으로 그 부족한 부분을 메우는 본성을 가지고 있다. 즉 좌절을 당하거나 장애에 부딪혔을 때 다른 방면을 충족시켜 그 부족한 면을 보상하는 것이다. 이것이 바로 심리학에서 말하는 '심리적 보상'이다. 예를 들어 프로젝트에 실패했을 때 평소 하고 싶었던 일을 하며 만족감을 느끼면 심리적 균형을 찾을 수 있다. 후진샹이 노래방에서 노래를 부르면서 고민과 스트레스를 배출시켰던 것도 그런 사례라 할 수 있다.

그래서 경영자는 심리적 균형이 깨지는 것을 막기 위해 스트레스를 받았을 때 심리적 보상을 받을 수 있는 또 다른 일을 찾아 성취의 기쁨을 누릴 필요가 있다. 다음과 같은 몇 가지 방법들이 도움이 될 것이다.

우선 위로의 말로 마음속 불만을 치유하고 심리적 균형을 맞출 수 있다. 예를 들어 '만족할 줄 알면 마음이 즐겁다', '전화위복', '새옹지마', '실패는 성공의 어머니다', '승패병가지상사' 등과 같이 흔히 알고 있는 격언이나 속담으로 보상하는 것이다. 본인이 이런 관점을 받아들이고 그 의미와 이치를 깨달을 수 있다면 심리적으로 안정을 찾을 수 있다.

또한 심리적으로 불안할 때 잃어버린 것을 떠올리고, 영예, 물질, 금전 등 다시 얻은 것을 생각해본다면 마음이 평온해질 수 있다. 비록 이 방면으로는 실패했지만 다른 방면에서 우월한 입지를 다졌다면, 잃은 것을 상쇄하고도 남기 때문에 쉽게 심리적 만족을 얻을 수 있다. 또 가정의 화목, 사업상의 성과, 경제적 성과 등 경험했거나 느끼고 있는 것들을 떠올려서 고민을 분산시키거나 그 자리를 대신하게 만드는 것도 좋은 방법이다.

이렇게 어떤 방면에서 좌절을 하거나 스트레스를 받았을 때 그 일에 지나치게 집착하지 않고 다른 방면에서 만족을 찾아 마음의 균형이 유지될 수 있도록 노력해야 한다. 생활 속에서 자신을 지탱해줄 더 많은 '기둥'을 찾아내서 한쪽에 문제가 생겼을 때 다른 기둥이 떠받칠 수 있도록 하는 것이 현명한 사장의 전략이다.

우리는 한 번 고민에 휩싸이면 늘 악성순환의 고리에서 벗어나지 못한다. 이 악성순환의 고리를 끊으려면 그 안에서 도망쳐 나오는 방법밖에 없다. 때때로 이것은 절대 어려운 일이 아니다. 다만 삶을 사랑하는 태도와 낙관적인 지혜가 필요할 뿐이다. 한 편의 시, 한 권의 책, 한 폭의 그림, 한 편의 영화… 이런 작은 변화들이 현실의 고뇌와 스트레스에서 빠져나오도록 해줄 것이다.

❓ 심알못 사장을 위한 한마디

기업을 경영하다 보면 스트레스를 제어하기 힘든 상황에 놓일 때가 분명 있다. 하지만 그럴 때일수록 그것을 동력으로 전환시키는 노력이 필요하다. 이를 위해서는 스트레스 휴지통을 찾아내서 '심리적 쓰레기'를 제때 버리고 비울 수 있어야 한다. 즉 기분이 우울할 때 그 기분에서 벗어나 자신의 쓰레기 감정을 배출할 수 있는 방법을 가지고 있어야 한다는 말이다. '미친 듯이 소리 지르며 노래 부르기'도 직접적인 감정의 배출방식이라 할 수 있다.

그 외 또 다른 방식은 정신적으로 자신의 편이 되어줄 상대를 찾는 것이다. 내 마음을 알아주는 친구에게 하소연을 할 때, 상대에게 무슨 해답을 바라고 속내를 털어놓는 경우는 드물다. 그저 속의 말을 꺼내는 것만으로도 마음이 편안해지고, 때론 그 과정에서 해결방법을 찾을 수도 있다.

다섯 번째 명제_일을 시작하기 전에 스스로에게 성공을 암시한다

 사장이 강한 자신감을 갖고 있으면, 이는 목표를 이루기 위한 긍정적인 에너지로 작용합니다. 하지만 어떤 사장은 일을 시작하기에 앞서 스스로에게 이렇게 묻습니다. "성공할 수 있을까?", "만에 하나 실패하면 어떡하지?" 반면 어떤 사장은 이렇게 주문을 겁니다. "나는 반드시 성공할 거야." 지금 당신은 어떤 태도로 일하고 있습니까?

저명한 심리학교수 대니얼 길버트는 이런 명언을 남겼다. "당신이 스스로의 운명을 어떻게 예상하든 그 결과는 당신의 예상이 맞았다는 것을 증명해줄 겁니다." 이것은 심리적 암시가 한 사람의 운명을 결정지을 수 있다는 의미를 담고 있다. 일을 시작하기 전에 좋은 결과를 예상하거나 승산이 있다고 확신한다면 그 기대심리가 일의 승패에 직접적인 영향을 미친다는 것이다.

성공학의 대가 오리슨 스웨트 마덴 역시 일을 시작하기 전에 '승산'에 대한 확신을 품고 있으면 자신의 최대 잠재력을 끌어내 가장 빠른 시간 안에 성공에 다가설 수 있다고 말했다.

유명한 골프선수 캐리 미들코프는 이런 말을 했다. "골프시합에서 우승을 차지할 수 있는 진짜 비결은 바로 자신감입니다. 지난 번 마스터스 토너먼트에서 나는 첫 샷을 날리기 나흘 전에 이미 내가 이길 것을 확신했습니다. 이런 확신은 내가 직접 '운'을 조종하는 기분을 느끼게 만들어줍니다."

머릿속에 목표를 반복적으로 주입하면 더 선명하게 각인이 된다. 그럼 우리는 그것을 기정사실로 받아들이고 자연스럽게 '승산'에 대한 확신을 갖는다. 이렇게 만들어진 자신감, 추진력, 확신은 결국 만족스러운 결과로 이어진다.

이와 반대로 미래에 대해 부정적인 생각을 하게 되면 마음이 초조해지고 위축된다. 이는 머릿속에서 부정적인 미래를 그려보는 동안, 이미 우리가 실패의 기분을 고스란히 맛보기 때문이다. 만약 우리가 시종일관 실패할까 봐 전전긍긍하면서 실패의 이미지를 우리의 대뇌중추에 쉼 없이 전달한다면, 그 이미지는 갈수록 생생해지면서 우리의 신경시스템마저 그것을 사실로 받아들인다.

한마디로 잠재의식 시스템을 만드는 비밀은 성공의 느낌을 포착해 반복적으로 떠올리고 기정사실로 만드는 것이다. 사장인 당신이 성공을 확신하게 되면 그에 걸맞는 행동을 하게 되고, 이는 조직 전체의 긍정적인 분위기로 자연스레 이어진다.

잭 웰치는 20세기 최고의 경영자로 선정된 인물이다. 웰치의 어머니는 아들의 능력과 의지를 키우는 데 중점을 뒀고, 덕택에 웰치는 스스로에 대한 강한 자신감을 가지고 있었다. 그는 고등학교 시절에 아이스하키 팀 주장이었다. 어느 날 라이벌 고등학교 팀과 예선전 마지막 경기를 펼칠 때 그는 두 골을 넣었고, 승부는 이미 결정된 듯 보였다. 하지만 상대팀이 막판에 연속으로 골을 넣으면서 시합은 상대의 역전승으로 끝나버렸다. 잭 웰치는 화가 나서 하키스틱을 던지며 라커룸으로 들어가버렸고, 이 모습을 본 그의 어머니는 야단을 쳤다.

"잭, 네가 이런 식으로 패배를 인정할 줄 모르면 넌 멋지게 승리하는 법을 절대 알 수 없어."

어머니의 꾸중과 가르침 덕에 잭은 실패를 성공의 초석으로 삼는 법을 배울 수 있었고, 이때의 깨달음은 이후 그의 인생에 큰 영향을 끼쳤다.

웰치의 고등학교 성적은 최고 명문대에 입학하는 데 전혀 문제가 없었다. 하지만 여러 가지 사정 때문에 매사추세츠 주립대학에 들어가야 했다. 처음에는 무척 화가 나고 의기소침해졌지만 일단 대학에 들어가고 나자 자신이 행운아라는 생각마저 들었다.

"만약 그때 내가 다른 대학에 들어갔다면 엄청난 스트레스를 받았을 겁니다. 어쩌면 영원히 두각을 나타내지 못했을지도 모르죠. 하지만 주립 대학에 다니면서 더 많은 자신감을 얻을 수 있었습니다. 내가 경험한 모든 것이 앞으로 성공의 초석이 될 거라고 확신했으니까요."

실제로 그는 매사추세츠 주립대학에서 가장 주목받는 학생 중 하나가 되었고, 훗날 '자신감'은 제너럴 일렉트릭(GE)의 핵심가치관이 되었다.

이와 같은 맥락으로 골치 아픈 일이 생겼을 때 부정적인 생각만 반복하는 것은 최악의 태도다. 차라리 낙관적이고 열정적인 전문가를 찾아가 그 긍정의 에너지를 받는다면 난관을 극복할 수 있는 용기와 자신감을 얻을 수 있다. 비록 힘든 상황과 조건은 여전히 변함이 없더라도, 우리의 마음 상태가 완전히 달라지는 것만으로, 다시 한 번 목표를 향해 나아갈 수 있는 추진력을 얻을 수 있는 것이다.

하버드대학의 총장 찰스 엘리엇은 '성공의 습관'이라는 제목의 강연에서 많은 학생이 초기에 성공의 습관을 들일 기회를 전혀 얻지 못하고 있다고 지적했다. 성공의 습관이란 새로운 일에 종사할 때 타고난 듯 배어나오는 일종의 믿음과 자신감이다. 이런 이유 때문에 그는 저학년을 가르치는 교사들에게 학생들이 비교적 쉽게 완성할 수 있는 일을 맡겨 성공의 희열을 직접 느낄 수 있게 해달라고 제안한다. 찰스 엘리엇은 '아주 작은 성공'을 통해서도 '성공의 느낌'을 전달할 수 있고, 이것은 앞으로 그 아이들이 살아가는 동안 가치를 매길 수 없을 정도로 귀한 경험이 될 거라고 말했다.

또한 그는 누구나 성공의 습관을 얻을 수 있으며, 그가 제안한 방식을 활용한다면 언제 어디서나 성공의 모델과 느낌을 우리의 머릿속에 주입할 수 있다고 강조했다. 그렇게 작은 어려움들을 극복하다 보면 나중에는 성공의 습관을 토대로 더 큰 어려움도 효과적으로 극복하게 되고, 훨씬 도전적인 일을 할 수 있는 능력도 생긴다. 만약 우리가 실패의 기억을 계속 떨쳐버리지 못한다면 실패의 느낌에 사로잡히게 되고, 이로 인해 우리는 불리한 상황에 놓이게 될 것이다. 요컨대 성공은 성공의 기초 위에 세워진다. 이것은 한 가지 일이 성공하면 만사가 잘 풀린다는 표현과 일맥상통한다.

❓ 심알못 사장을 위한 한마디

어떤 사장들은 이런 말을 자주 한다. "이건 별로지?", "내가 그런 걸 어떻게 해?" 심리학의 관점에서 말하자면 이것은 일종의 자아암시이다. 잠재의식 속에서 자신이 이 일을 감당할 수 없다고 일깨우는 것이다. 문제는 이런 말을 습관적으로 내뱉는 많은 사장들이 그 부정적 영향력을 전혀 인식하지 못하고 있다는 점이다. 그렇다면 어떻게 해야 자신감을 찾을 수 있을까?

· 사장은 자신의 장점을 잘 파악하고 있어야 한다. 종이 위에 자신의 장점을 최대한 많이 써보자. 어떤 일을 할 때 이런 장점을 떠올리며 스스로에게 긍정적 암시를 하고, 자신에 대한 부정적 강화를 차단한다.
· 자신감이 넘치는 사람들과 가능한 많이 교류를 한다. 유유상종이라는 말처럼 자신감을 높이는 데 효과가 있다. 자신감의 외적 이미지를 만든다. 예를 들어 자신감에 넘치는 행동과 말투, 운동으로 다져진 멋진 몸매, 깔끔하고 격에 맞는 옷차림 등을 들 수 있다.
· 사장은 끊임없이 목표 설정을 해야 한다. 적절한 목표를 세워 이를 이뤘다면, 그걸로 끝이 아니라 더 높은 다음 목표를 정해야 한다. 단, 목표가 너무 높아서는 안 된다. 그럴 경우 목표에 도달하기가 쉽지 않고, 목표를 이루지 못하면 자신감이 무너지게 된다.
· 사장 자신의 능력으로 문제를 해결한다. 무슨 일이든 스스로 해결하려고 할 때 자신의 잠재력을 끌어낼 수 있다.

여섯 번째 명제_권력과 과시에 대한 욕구를 다스린다

 사장은 손에 권력을 쥐고 있습니다. 권력이 있으면 권력에 빌붙어 이득을 보려는 사람이 있게 마련이니, 만약 그런 이들의 손을 들어주게 된다면 꼭 필요한 인재를 놓치고 회사의 성장을 방해하겠죠. 권력을 어떻게 사용할지, 그리고 권력에 뒤따르는 욕구를 어떻게 다스릴지는 경영자가 직면한 영원한 과제라고 할 수 있을 겁니다.

어떤 심리학자가 이런 실험을 진행했다. 그는 한 회사를 찾아가 직원들 중 22명을 뽑아 관리업무를 맡기고, 그들에게 옆방에 있는 직원 4명을 관리, 감독하도록 시켰다. 그러나 그들은 관리, 감독을 받는 4명의 직원과 직접적으로 만날 수 없고, 단지 서면 방식으로만 지시를 내려야 했다.

'관리자' 22명은 일정한 권력을 부여받은 후 '직원'들을 상대로 그들의 소극적인 업무태도를 바로잡고, 업무량을 늘리는 등 본격적인 관리업무를 시작했다. 부하직원들은 그 '지시'를 따를 수밖에 없었다. 사실 옆방에서 일을 하고 있던 '직원'들은 실제 사람이 아닌 가상의 존재였지만, 관리자들은 그 사실을 알지 못했다.

심리학자는 이 실험을 통해 사람이 권력을 갖게 되면 그것을 어떻게 사용하는지를 알고자 했다. 실험결과, 실험에 참여한 사람들은 권력을 손에 쥔 후 4가지 특징을 보여주었다. 그들은 빈번하게 지시를 내렸고, '직원'의 능력이 너무 형편없다고 여겼으며, 그들과 직접 대면하고 싶어 하지 않았고, 그들이 성과를 내면 모두 자신의 리더십 덕이라고 생각했다.

위의 실험에서도 알 수 있듯이 사람은 권력을 손에 쥐면 그것을 최대한 이용하고, 자신과 '피관리자' 사이의 권력 차이를 가능한 많이 벌려놓으려고 한다. 또한 권력이 없는 사람을 공정하게 평가하는 능력이 사라져버리고, 자신의 리더십을 한사코 과시하려 든다. 따라서 권력에 대한 욕망에 브레이크를 걸지 않으면 그것은 무한확장을 반복하게 되는데, 이것이 바로 '권력팽창효과'다.

물론 관리를 위한 정당한 권력추구는 경영을 위해 꼭 필요한 동력이다. 기업의 경영자라면 누구나 권력에 대한 욕구를 가지고 있다. 가령 경영자의 자리에 앉은 사장이 상응하는 직권을 잃게 되면 그의 관리업무도 그대로 멈추게 된다. 회사 안에서 사장과 직원의 구분은 조직을 지휘, 통제, 결집시키는 능력과 지위에 있다. 직원은 사장의 결정과 의도에 따라 일을 진행시켜야 한다.

그러나 이와 동시에 경영자는 권력에 대한 끝없는 욕심을 통제할 수 있어야 한다. 사람은 누구나 많든 적든 권력을 필요로 한다. 사람은 높은 곳을 향해 올라가고 물은 낮은 곳을 향해 흐른다는 말처럼, 사람은 자아가치의 실현을 위해 자연스럽게 더 강력한 권력에 눈을 돌리게 된다. 그래서 심리학자들은 사장들에게 다음과 같이 해야 한다고 충고한다.

우선 경영자는 권력을 가지고 있지만 직원에게는 그런 권력이 없다는 점을 기억해야 한다. 경영자는 권력이 만들어내는 통제력과 영향력만을 이용해 직원을 관리하고 그 이상을 넘어서지 않도록 주의해야 한다. 그래야 직원들이 자신의 능력을 제대로 발휘할 수 있다.

또한 경영자는 자신의 권력에도 제약이 따라야 한다는 것을 반드시 인식해야 한다. 경영자의 권력욕을 그래프로 설명하자면 권력욕과 관리효율의 관계가 엎어진 'U'자 곡선을 만들어낸다. 권력욕이 과도하게 낮거나 높으면 관리효율이 떨어지고, 중간 수준의 권력욕을 가지고 있을 때 관리효율이 가장 높게 나타난다. 그래서 경영자는 관리과정에서 일정한 권력을 유지하고, 그것이 무절제하게 팽창하지 않도록 주의해야 한다. 이를 인식하지 못한 경영자가 권력을 사용할 때 흔히 저지르는 잘못은 다음과 같다.

- 자신의 권력을 이용해 타인의 생각과 행동을 통제하려 든다. 그들은 자신의 관점이나 생각을 타인에게 강요하기를 좋아하고, 타인의 관점을 무조건 억압하려고 한다. 일단 권력에 불복하는 사람이 나타나면 권력을 이용해 보복을 한다.
- 부하직원에게 권력을 위임하고 싶어하지 않는다. 그들은 직원이 적극성과 창의력을 발휘하도록 격려할 줄 모른 채, 오로지 권력을 독

점해 휘두르고, 월권행위를 하며, 일일이 간섭하는 일에만 일가견이 있다. 이 때문에 그들은 항상 직원들의 불만을 사고, 그들과 갈등을 빚는다.

- 권력지상주의를 신봉한다. 그들은 권력과 이익을 결탁시켜 직권을 남용하고 전횡을 저지른다. 이런 경영자는 권력의 노예에 불과하니 결국 능력 있는 직원은 모두 떠나고 회사는 위태로워진다.

❓ 심알못 사장을 위한 한마디

권력을 가지면 따라붙는 감정 중 하나가 과시욕이다. 누구나 자랑을 하고 싶은 마음을 가지고 있다. 경미한 과시욕은 크게 문제 삼을 필요가 없지만 그 정도가 심하면 진지하게 대처해야 한다.

- 허영심이 강한 사장은 자기도 모르는 사이에 이기심, 위선, 사기 등에 노출되기 쉽다. 허영심에 빠져들면 과시를 위해 거짓도 진실로 만들어버리기 때문이다.
- 경영과정에서 남들의 비웃음거리가 되고 싶지 않아 자신의 객관적 현실을 고려하지 않고 허세를 부리며 과도한 목표를 세운다면 결국 인적, 물적 자원의 낭비와 부채만 쌓일 뿐이다. 이것이야말로 자신은 물론 남까지 벼랑 끝으로 몰고 가는 어리석은 행동이다. 따라서 자신의 실제상황을 감안해 문제를 처리해야 하며, 남들의 말과 생각에 동조해 휩쓸려서는 안 된다.

일곱 번째 명제_혼자서 모든 것을 해내는 슈퍼맨이 되려 하지 마라

 소설『삼국지연의』속 제갈량은 우리에게 친숙한 역사적 인물입니다. 군벌이 혼전을 벌이던 동한(東漢) 말기에 유비의 삼고초려(三顧草廬)에 감동해 속세로 나왔고, 이후 유비가 패업을 이루도록 보좌하며 죽는 날까지 충성을 바쳤죠. 하지만 한 번 생각해봅시다. 과연 제갈량 같은 사장이 기업을 잘 경영할 수 있을까요?

유비 곁을 지키던 20여 년의 세월 동안 제갈량은 뛰어난 지략으로 늘 앞장서서 병사들을 이끌었고, 위기의 순간에도 굴복하거나 흔들리지 않았다. 그의 이런 면모는 유비의 두터운 신임을 얻기에 충분했고, 사대부의 존경을 이끌어냈으며, 적들도 그의 존재를 두려워할 정도였다. 하지만 사람의 몸이 강철로 만들어지지 않은 이상 계속 혹사를 시키면 누구라도 탈이 생길 수밖에 없다. 결국 제갈량도 예외가 아니어서, 50대 초반의 나이에 죽음을 맞이하고 말았다.

참으로 안타까운 결말이다. 그런데 경영학의 입장에서 그의 인생을 살펴보면 이 비참한 결말을 초래한 원인은 다른 누구도 아닌 제갈량 자신이라는 결론이 나온다. 물론 제갈량은 나라와 군주를 위해 죽는 날까지 충성을 바쳐 일한 충신이 분명하다. 하지만 그는 권한을 일임하는 능력만큼은 없었던 듯하다. 그는 군사전략과 행정의 귀재답게 모든 대권을 손에 쥐고 진두지휘하려 했다. 물론 모든 일을 빈틈없이 돌보고 싶은 마음이 작용했겠지만, 분신술을 쓰지 않는 이상 한계에 부딪힐 수밖에 없었다. 결국 그가 가슴에 품었던 큰 뜻은 물거품이 되었고, 그는 미련만 남긴 채 세상을 떠나고 말았다.

많은 사장들이 경계해야 할 감정이 바로 이러한 과도한 책임감과 직원에 대한 불신, 그리고 완벽주의이다. 자신만큼 일하는 직원이 없는 것 같고, 모든 업무를 직접 다 살펴봐야 안심이 된다면, 회사의 규모가 커질수록 성장을 가로막는 방해물이 되기 때문이다.

그런 면에서 미국의 제34대 대통령 아이젠하워는 제갈량보다 훨씬 똑똑했다. 그는 '다른 사람도 당신만큼 잘할 거라고 생각되는 일은 아예 하지 마라'는 말을 늘 입에 달고 다녔다. 아이젠하워는 리더의 역할에 대해 확고한 주관을 가지고 있었다. 그는 리더라면 전 과정을 통제하되 일을 효율적으로 분산시킬 수 있어야 한다고 여겼다. 물론 그 과정에서 그를 대신해 일을 처리할 능력이나 권한이 없다고 판단되면 직접 나서야 하겠지만, 모든 자질구레한 일까지 혼자 감당하느라 시간을 낭비할 필요가 없다고 봤다. 그래서 재임기간 동안 아이젠하워는 다른 지도자들과 달리 정무에 시달리는 것처럼 보이지 않았고, 심지어 여유로운 느낌마저 주었다. 그것이 가능했던 이유는 그의 일상에서 고스란히 드러난다.

한 번은 아이젠하워가 골프를 즐기고 있는데 백악관에서 그의 결정이 필요한 긴급 안건을 보내왔다. 보좌관이 '찬성'과 '반대' 두 가지 안을 미리 준비해놓은 터라 아이젠하워는 그중 하나에 사인만 하면 됐다. 그런데 아이젠하워는 안건을 대충 훑어본 후 두 군데 모두 사인을 하며 이렇게 말했다.

"재키(부통령 닉슨)에게 대신 결정하라고 하게."

그리고는 아무 일 없었다는 듯 계속 골프를 즐겼다. 이런 아이젠하워의 '직무태만'은 대통령이 된 후 시작된 것이 아니라 아주 오래전부터 가지고 있던 습관이었다.

2차 세계대전이 끝난 얼마 뒤, 아이젠하워는 콜롬비아대학의 총장직을 맡게 되었다. 당시 부총장은 아이젠하워가 학교상황을 이해할 수 있도록 관련 부처 및 학과별 보고와 면담을 추진했다. 그는 인원수를 최대한 줄이기 위해서 각 단대 학장과 학과 주임으로 인원을 제한하고, 매일 두세 명씩 30분 동안 면담을 할 수 있게 스케줄을 조정했다. 그럼에도 불구하고 아이젠하워는 십여 명과의 면담 끝에 더는 참지 못하고 부총장을 불러 앞으로 몇 명이 더 남았냐고 물었다.

아이젠하워는 앞으로 63명이 더 남아있다는 말에 크게 놀라며 고개를 절레절레 흔들었다.

"맙소사! 그렇게나 많이 남았단 말인가? 이보게, 내가 연합군 총사령관으로 있을 때 인류 역사상 가장 큰 규모의 군대를 이끌면서도 딱 3명의 장군에게 보고를 들으면 모든 것이 다 파악되었네. 그들 밑에 있는 사람들을 만나거나 이야기를 들어볼 필요도 없었지. 그런데 한 대학의 총장이 이렇게 많은 사람의 보고를 들어야 한다는 건가? 더구나 난 그들이 무슨 말을 하는지 이해하기도 힘드니 서로 시간낭비만 하는 셈이지. 이런 게 학교 발전에도 도움이 될 리가 없네. 그러니 나머지 일정을 모두 취소해 주겠나?"

　사실 많은 사장들이 모든 일을 직접 해야 할 것 같은 강박관념에 휩싸인다. 그들은 마치 이렇게 하지 않으면 무책임한 사람이 된 것처럼 느끼지만 그 결과는 그리 긍정적이지 않다. 그가 이끄는 조직은 소방대처럼 변할 것이다. 그는 소방대 대장이고, 직원들은 소방대원이 되어 어디서 불이 나면 대장의 지휘 아래 화재를 진압하는 식이 된다. 표면적으로는 전 대원이 일사불란하게 움직이니 좋은 결과를 낼 것처럼 보인다.

　그러나 현실은 그렇지 않다. 이런 식의 조직경영은 사장의 능력을 대표한다고 할 수 없으며 그가 자신의 진짜 역할을 잊게 만들 뿐이다. 사장이 얻을 수 있는 최종 결과는 하나뿐이다. 사장은 정신없이 혼자 바쁘고, 직원들은 매일 불만을 터트린다. 사장은 이것저것 다 신경 쓰느라 큰일에 이르지 못하고, 작은 일에도 실수가 속출하게 된다.

경영자의 직책은 조직의 인솔자이지 개별적인 실무를 하는 사람이 아니다. 어떤 조직이든 경영자는 다방면의 자원을 최대한 동원하고 역량을 결집해 조직의 목표를 실현하는 역할을 해야 한다.

경영자는 혼자 모든 일을 다 해내야 하는 슈퍼맨이 아니다. 직원의 능력을 최고치로 끌어올려 회사를 발전시키고 싶다면, 혼자 모든 권한을 움켜쥐고 사소한 것까지 모든 일을 독식해 처리해서는 안 된다.

그리고 이 과정에 생겨나는 불신과 완벽주의를 경계해야 한다. 직원의 능력은 실무를 처리하고, 스스로 문제해결 능력을 키우는 과정에서 단련된다. 경영자는 그들의 열정을 이끌어주고, 조직을 위해 더 아름다운 미래가 열리도록 준비해야 한다.

PSYCHOLOGY FOR THE BOSS

왜 일 잘하는 직원이 남아나질 않는가

기업경영의 과정은 실질적으로 사람의 마음을 관리하는 과정이다. 직원 한 명 한 명이 가장 원하고 있는 것은 무엇인지, 어떻게 해야 그들이 열정을 갖고 그 능력을 충분히 발휘할 수 있을지, 자발적인 충성도를 높여 이탈을 막는 방법은 무엇인지 등 사람의 마음을 파악하고 적절히 대처하는 일은 기업의 발전과 밀접하게 연관되어 있다. 과연 당신의 직원은 지금 무슨 생각을 하고 있을까? 사장이 경영과정에서 반드시 직면하게 되는 이 난제에 대한 해법을 찾아보자.

"원소 장군이 조조에게 패한 순간,
이미 죽음을 예상하긴 했지만…."

파킨슨병_사장 말을 잘 듣는 직원의 함정

 회사를 경영하다 보면 인재가 없다는 생각이 드는 순간이 있습니다. 만약 이런 생각을 하게 됐다면, 이는 직원이 제대로 일할 수 있는 환경을 만들고 있는지 점검할 타이밍이라는 반증입니다. 상황에 따라 좌지우지되어 어떤 때는 칭찬을 하고 어떤 때는 화를 낸다면, 자신과 다른 의견을 내는 직원에게 권위에 기대 강압적으로 대한다면, 아무리 뛰어난 인재라 한들 의욕이 꺾이고 말 겁니다.

한(漢)나라 고조(高祖) 유방(劉邦)이 천하를 평정한 후, 낙양에서 성대한 잔치를 베풀어 장병들의 노고를 치하할 때 이런 말을 했다.

"군막 안에서 계책을 짜서 천리 밖에서 승리를 거두게 하는 것은 내가 자방(子房)만 못하고, 나라를 안정시키고 백성을 어루만져주며 군량을 공급하고 식량이 끊이지 않게 하는 것은 내가 소하(蕭何)만 못하며, 백만 대군을 거느리고 전장에 나가 싸워 반드시 이기고, 공격했다 하면 반드시 빼앗는 것은 내가 한신(韓信)만 못하다. 이 세 사람은 모두 뛰어난 영웅호걸들이다. 허나 나는 능히 그들을 부릴 수 있었으니, 이것이 내가 천하를 얻은 까닭이다. 항우(項羽) 밑에는 범증(範增) 한 명뿐이었고, 그 한 사람조차도 제대로 쓰지 못하였다.

이것이 그가 나에게 패한 이유다."

실제로 유방은 자신이 가진 능력의 한계를 채워줄 수 있는 인재들을 제대로 활용할 줄 아는 인물이었다. 그가 당대에 누구도 당할 자가 없다던 초패왕 항우를 무너뜨리고 천하를 통일할 수 있었던 것은 자신보다 뛰어난 다방면의 인재들을 중용했기 때문이다. 이런 점이 바로 총사령관으로서 칭찬받아 마땅한 유방의 능력이자 리더십이라고 할 수 있다. 반면에 원소(袁紹)는 이런 방면으로 낙제점이었다.

건안(建安) 5년(서기 200년) 봄, 원소는 십만 대군을 거느리고 조조 군을 섬멸하러 나서려 했다. 그때 원소의 참모 전풍(田豊)은 아직 때가 아님을 알고 원소에게 간언을 올렸다.

"지금 조조 군은 서주를 격파해 손에 넣고 사기가 하늘을 찌릅니다. 가볍게 대적할 상대가 아니니, 좀 더 때를 기다리다 그들이 느슨해지는 틈을 타 그때 움직이십시오."

원소는 다른 신하들의 말에 휘둘려 그의 간언을 귀담아 들으려 하지 않았다. 전풍이 다시 간언을 하자 원소가 화를 내며 그를 옥에 가두었다. 결국 출정을 감행한 원소는 관도대전에서 참패를 하고 말았고, 이 소식을 들은 옥리가 전풍을 찾아왔다.

"경하드리옵니다!"

전풍이 되물었다.

"무엇을 말이냐?"

옥리가 기뻐하며 대답했다.

"이번 출정에서 대패하였으니 주군께서 돌아오시면 공을 중용하실 게 확실하지 않습니까?"

그러자 전풍이 쓴웃음을 지으며 말했다.

"나는 이제 죽은 몸이다. 원 장군은 냉혹한 사람이라 한 번 마음 밖으로 내친 자를 찾는 법이 없느니라. 만약 조조에게 이겼다면 기분이 좋아서 나를 살려줄 수도 있었겠지. 허나 이미 패하고 말았으니 수치스러워서라도 어찌 나를 살려둘 수 있겠느냐?"

과연 그의 말대로 원소는 돌아오자마자 민심을 현혹했다는 죄명을 씌워 전풍을 죽여버렸다.

영국의 정치학자 노스코트 파킨슨은 자신의 저서 『파킨슨의 법칙(Parkinson's Law)』에서, 조직의 업무량은 그대로인데 인력 규모와 예산이 점점 늘어나는 현상을 날카롭게 비판한 바 있다. 그중에서도 조직사회에 존재하는 고질병에 대해 언급한 부분이 있는데, 이 병은 위에서 아래로 능력이 하향곡선을 타고 내려가게 만든다. 그에 따르면 1류는 2류를 선호하고, 2류는 3류를 선호하니, 멍청하고 무능한 직원은 많아지고 똑똑하고 능력 있는 직원은 줄어든다는 것이다. 후에 사람들은 이 병을 '파킨슨병'이라고 부르며 경계대상으로 삼았다. 그런데 왜 능력이 떨어지는 사람을 더 선호하게 되는 걸까? 그 이유는 이런 직원일수록 부리기 쉽기 때문이다. 이는 우리 주변에서도 흔히 볼 수 있는 사례다.

에어컨을 생산하는 한 기업의 판매실적이 계속 하락세를 보이고 있었다. 사장은 그 원인을 높은 가격 때문이라고 판단해 20퍼센트 하향조정을 하기로 했다. 그는 영업사원들을 소집해 회의를 열고 자신의 결정을 공표했다. 다들 그의 결정에 동의하는 가운데 딱 한 사람만 반대를 했다. 그는 판매부진의 이유가 가격이 아니라 사후서비스의 부재 때문이라고 지적했다. 사장은 그의 문제제기를 받아들이지 않은 채 자신의 결심을 고집했고, 판매액에 따라 인센티브를 주겠다고 약속까지 했다. 과연 가격을 내린 후 한 달 사이에 판매량이 올라갔고, 약속대로 직원들에게 인센티브가 지급되었다. 그러나 얼마 후 판매량은 다시 수직 하락했다. 사후서비스가 제대로 진행되지 않아 고객의 불만이 폭주했고, 심지어 언론을 통해 그 사실이 만천하에 알려졌던 것이다. 이때 경쟁업체가 기회를 틈타 신제품을 출시한 후 전국 서비스망을 구축했고, 24시간 안에 수리기사가 출동해 고객 불만을 해결하겠다고 장담했다. 그 결과 경쟁업체의 시장점유율이 빠른 속도로 증가하기 시작했다.

이렇듯 경영자가 말을 잘 듣는 직원만 인정하고 확실한 소견을 가진 직원을 무시한다면, 이는 기업의 생존까지 위협할 수 있다. 그런 사장 밑에 있는 직원들은 보상을 받을 수 있는 일에만 매달릴 뿐, 그 일의 옳고 그름을 고민하지 않기 때문이다. 그래서 경영자라면 직원의 의견을 어디까지 인정하고 어떤 절차를 거쳐 합당한 피드백을 할 것인지 스스로에게 물어야 한다. 이것이야말로 경영과정에서 꼭 필요한 관리원칙이다.

경영자의 가치기준은 직원의 숨겨진 속마음을 읽는 중요한 포인트이다. 직원 중 누군가는 당신의 가치기준에 부합하는 사람이 되려고 노력하고, 누군가는 그 가치기준을 거부하고 회사를 떠나기도 한다. 또 누군가는 겉으로만 복종할 뿐 교묘히 사리사욕을 취할지도 모른다.

❓ 심알못 사장을 위한 한마디

의외로 능력 있는 직원과 함께 일하기를 꺼리는 사장들이 많다. 한마디로 마음대로 다루기 힘들다는 게 이유다. 게다가 어떤 사장들은 모든 면에서 자신이 최고여야 한다고 생각해서, 자신보다 뛰어난 상대가 나타나면 어떻게 해서든 깎아내리려 한다.

하지만 인재를 멀리하는 이런 시대착오적 심리는 회사의 발전을 가로막는 커다란 걸림돌이 아닐 수 없다. 뛰어난 직원일수록 가장 가까이 두고 자신을 위해 일하도록 그 길을 열어야 한다. 이때 다음과 같은 원칙을 지키는 것이 매우 중요하다.

첫째, 어떤 문제가 있을 때 임시방편으로 대처하지 말고 철저히 해결할 것.
둘째, 다소의 위험을 무릅쓸 것.
셋째, 맹목적 복종이 아니라 실용적인 혁신을 주도할 것.
넷째, 쓸모없는 이론과 분석에 머무르지 말고 행동으로 옮길 것.
다섯째, 일의 속도가 아니라 완성도를 높이는 데에 중점을 둘 것.
여섯째, 불필요하게 복잡하게 만들지 말고 간단명료하게 일을 지시할 것.
일곱째, 군중심리에 영합해 말과 행동의 일관성을 버리지 말 것.
여덟째, 내부갈등이 아니라 협력을 이끌어낼 줄 알 것.

욕구단계이론_저 직원이 원하는 것은 무엇인가

 한 사람의 생김새, 옷차림이나 감정변화는 겉으로 드러나기 때문에 쉽게 알아볼 수 있습니다. 하지만 그 사람에게 내재되어 있는 심리적 욕구는 알아채기가 쉽지 않습니다. 특히나 회사 규모가 크고 직원이 많을수록, 사장 혼자서 수많은 직원의 마음을 헤아리기란 어려운 일입니다. 경영자로서 당신은 직원의 속마음을 얼마나 제대로 간파하고 있습니까?

경영자가 직원의 적극적인 업무능력을 효과적으로 이끌고 싶다면 그들의 속마음을 파악하고 동기를 부여해 정당한 물질적, 정신적 욕구를 만족시켜줄 수 있어야 한다. 그래야 직원들의 내재된 잠재력을 극대화시켜 기업의 목표달성과 발전의 추진력을 얻을 수 있기 때문이다.

많은 심리학자들이 사람의 욕구에 대한 다양한 연구를 진행한 바 있는데, 그중 대표적으로 잘 알려진 것 중 하나가 심리학자 에이브러햄 매슬로의 욕구단계이론이다. 그가 보기에 인간은 '욕구를 가진 동물'이다. 사람은 끊임없이 목표를 정하고, 하나의 욕구를 만족하고 나면 새롭게 동기부여를 해줄 다른 목표를 찾아나선다.

실제 생활 속에서 사람의 욕구는 낮은 것에서 높은 수준으로 발전한다. 매슬로는 사람의 욕구 시스템을 크게 2가지 종류로 나눴다. 바로 기본 욕구와 심리 욕구다. 생리적 욕구는 가장 기본적인 1단계에 해당되고, 그 뒤를 이어서 안전에 대한 욕구, 애정과 소속에 대한 욕구, 자기존중과 자아실현의 욕구로 단계가 이어진다. 가장 높은 단계의 심리 욕구는 자아실현의 욕구로, 이는 잠재된 능력을 충분히 발휘하는 것을 가리킨다. 매슬로의 욕구단계론을 정리하면 다음과 같다.

- 1단계: 생리적 욕구는 음식, 수분, 성, 수면 등과 같은 기본적인 생리적 현상과 관련된 욕구다.
- 2단계: 안전에 대한 욕구는 생명, 재산, 직업, 심리의 안전을 유지하고 두려운 상황을 피하고 싶은 욕구다.
- 3단계: 소속과 애정에 대한 욕구는 타인과의 교류와 관련이 있다. 타인을 사랑하고 타인의 사랑을 받아들이는 것, 가정을 이루고 무언가에 소속되는 것 등이 포함된다.
- 4단계: 자기존중의 욕구는 스스로를 존중하고, 타인에게 존중받으며 칭찬 받고 싶은 욕구다.
- 5단계: 심리적 욕구는 인지 욕구, 미적 감상에 관한 욕구, 자아실현의 욕구 등을 가리킨다.

사람들은 욕구가 생기고, 그것을 만족시킬 수 있는 목표를 발견하면 이를 성취하고 싶은 욕망이 생겨난다. 심리학에서는 이런 욕망을 '기대'라고 부르는데, 미국 심리학자 빅터 브룸은 이를 '기대이론'으로 발전시켰다. 만약 어떤 목표가 개인의 욕구를 만족시킬 만큼 가치가 있다면 그 사람은 그 목표를 실현하기 위해 노력할 것이다. 즉 동기부여의 강도가 비교적 크다고 할 수 있다. 반면에 동기부여의 강도가 낮으면 목표를 실현할 의욕을 잃게 된다.

1950년대 미국 하버드대학의 심리학자 데이비드 맥크릴랜드는 연구를 통해 '성취동기이론(Achievement Motivation Theory)'를 발표했다. 그는 사람들의 행동을 이끌어내는 욕구를 다음과 같은 몇 가지 방면으로 나눠 설명한다.

- 권력욕구: 권력욕구를 가진 사람은 대개 더 큰 권력을 가지고 싶어 한다. 이들은 권력을 행사해서 타인을 자기가 원하는 방향으로 행동하게 만드는 것을 즐긴다. 경영자, 관리자가 되고 싶어 하고 그 자리에 걸맞는 재능과 실력도 갖추고 있다. 이런 사람은 언변술이 뛰어나고 생각이 치밀하며 문제와 요구를 제기하는 데 능숙하다. 늘 타인을 가르치고 설득하려 들며, 남 앞에 나서서 말하는 것을 즐긴다. 또한 영향력이나 명성을 얻는 일에 관심을 쏟고, 현실에 안주하기보다 계속해서 더 높은 자리에 오르고 싶어 한다.
- 친화욕구: 소속 혹은 사교의 욕구라고도 부른다. 친화욕구가 강한 사

람의 대부분은 소속과 사교욕구를 가지고 있다. 그들은 사교적 집단 안에서 교류를 통해 기쁨과 만족을 느끼며, 다른 사람의 감정을 상하지 않게 하고, 다른 사람들로부터 인정받기 위해 많은 노력을 기울인다.

- 성취욕구: 성취욕구가 높은 사람은 성공에 대한 욕구가 강하다. 그들은 일을 추진하고, 문제를 해결하며, 목표를 성취하는 것을 인생 최고의 즐거움으로 본다. 이런 부류의 사람은 오랜 시간 동안 전심전력을 다해 일하고, 목표달성을 통해 최고의 만족감을 얻는다. 그들이 추구하는 것은 성공 자체이지 성공에 따른 보답이 아니다.

이렇듯 사람을 움직이게 만드는 욕구는 다양하게 존재한다. 그러니 성공한 경영자가 되고 싶다면 직원의 다양한 욕구를 파악하고 수렴하며 만족시킬 수 있는 능력이 있어야 한다. 직원 개개인의 마음속 깊은 곳까지 파고들어가는 경영자만이 그들의 충성과 회사의 발전을 이끌어낼 수 있다.

오늘 사장의 눈에 비친 직원의 모습은 평소와 같이 에너지가 넘치고 열정적으로 일에 몰두하는 것처럼 보일 수 있다. 하지만 사장은 그것이 허상일 수 있다는 것을 염두에 둬야 한다. 어쩌면 그 직원은 활기찬 모습과 미소를 유지하기 위해 사력을 다하고 있을 뿐, 속은 썩어 문드러져 있을지 모른다. 그들은 당신과 결코 같은 입장이 아니다. 경영자의 자리에 있는 사람은 마음에 안 들면 한바탕 화를 내고, 일을 잠시 손에서 놓거나 자리를 뜰 수도 있다. 하지만 직원들은 아무리 화가 나도 감정을 드러내면 안 되고, 평소처럼 자리를 지키며 일을 해야만 한다. 이것만 봐도 그들이 직면한 생존 스트레스는 당신보다 훨씬 클 수밖에 없다. 이런 상황에서 당신이 직원의 어려움을 이해하고 배려할 줄 안다면 그는 자발적으로 능력치를 끌어올리려 애쓸 것이다.

> **❓ 심알못 사장을 위한 한마디**
>
> 직원의 모든 것을 다 알고 있다고 여긴다면 당신은 아직 초급 단계에 머물러 있는 것이다. 사장은 직원의 개인정보를 조사하고 이해하는 것을 넘어서서 직원의 속마음을 파악하고 이해하는 노력이 필요하다. 그렇다면 어떻게 해야 직원의 심리적 욕구를 제대로 파악할 수 있을까?
>
> · 첫째, 그들의 생각을 최우선으로 생각해야 한다.
>
> · 둘째, 입장을 바꿔 상대의 생각을 들여다볼 줄 알아야 한다. 경영자는 직원의 입장에서 문제를 고민하고, 그들이 처한 환경을 이해하며, 그들의 진심을 파악하기 위해 노력해야 한다.
>
> · 셋째, 내부 마케팅 방식을 적극 활용해야 한다. 즉 직원을 고객으로 간주하고 마케팅 차원에서 접근을 하는 것이다. 예를 들어 일대일 면담, 설문조사, 현장조사 등의 방식으로 직원의 동기, 정서, 신앙, 가치관, 잠재력, 두려움, 불만 등을 조사하고, 이를 근거로 직원 개개인의 감정, 욕구, 목표를 정확히 분석한다.
>
> · 넷째, 다양한 교류와 소통을 강화한다. 공식 혹은 비공식 루트를 통해 상호작용이 가능한 소통과 피드백 환경을 만들어야 한다.

이는 감정의 소통을 통해 직원의 다양한 욕구를 이해하고, 각 시기별로 달라지는 욕구의 핵심을 파악하는 데 도움이 된다.

· 다섯째, 외부 조사를 진행해야 한다. 이는 직원의 가족과 친척, 친구, 고객, 협력 업체, 거래처 등에 대한 조사와 상담을 통해 직원의 실제 상황에 간접적으로 접근하는 것이다.

심리적 계약_'우리 회사'란 소속감이 중요한 이유

자발적인 열정을 가지고 일하는 직원들은 회사에 대한 자부심과 충성도가 높습니다. 심리학자들은 이에 대해 회사와 직원 사이에 암묵적으로 체결된 '심리적 계약'이 매우 중요하다고 말합니다. 심리적 계약과 직원의 강력한 소속감은 어떤 상관관계가 있는 걸까요? 그리고 경영자는 어떻게 해야 직원들과 긍정적인 심리적 계약을 체결할 수 있을까요?

심리적 계약은 경영학의 범주에 속하고, 연구가치가 매우 높은 분야다. 다만 아직까지는 이 문제가 충분히 주목받지 못하고 있는데, 최근 들어 많은 사람들이 필요성을 느끼고 관심을 가지는 추세다.

경영자가 경영과정에서 절대 피하지 말고 고민해야 할 문제가 하나 있다. 바로 회사를 유지하고 발전시키는 존재가 무엇이냐는 것이다. 경영자의 능력, 자본, 개척정신 등 그 답은 매우 다양하겠지만, 심리요소도 결코 빠질 수 없는 핵심항목 중 하나다. 그런데 어떤 경영자들은 심리요소의 엄청난 작용을 전혀 모르고 있어서 문제다.

심리요소는 여러 방면을 포함하는데 심리적 계약이 그중 하나다. 심리적 계약은 상급자와 하급자 간의 상호연동 과정에서 동류화, 즉 서로 접근하고 동화되어가는 것을 가리킨다. 이런 식의 접근, 동화, 이해가 정서 및 심리적 연계를 끌어내고, 말하지 않아도 아는 심리적 묵약을 만들기 때문이다.

심리적 계약은 이익의 합리적 분배에 대한 확인이며, 공공이익의 보호 차원에서 긍정적인 역할을 한다. 심리적 계약과 비즈니스 거래계약을 서로 비교해보면 하나의 차이점이 있다. 거래계약은 명문규정인 반면에 심리적 계약은 형태가 없다. 하지만 설사 무형이라 해도 조직의 균형과 평형을 유지하고 지키는 데 확실한 역할을 한다. 심리적 계약은 상당히 긴 시간을 거쳐 형성되고 상호이해의 기초 위에서 세워지기 때문에, 조직 메커니즘을 부식시키는 의심이나 불만 등의 부정적 심리를 차단시킬 수 있다. 또한 심리적 계약은 구성원에게 귀속감을 주고, 조직을 '우리의 것'으로 생각하도록 만들어 응집력을 높이는 작용을 한다.

심리적 계약이 자발적으로 형성될 수 있는 근본적인 이유는 조직 구성원들 역시 회사가 추구하는 공동의 이익과 자신의 이익 사이에서 조화롭게 합의점을 찾고자 하기 때문이다. 한 조직 안에는 절대다수의 공동이익을 보호하려는 욕구가 존재하고, 개개인은 자신의 이익을 추구하려는 욕구가 있다. 당연히 개인의 이익과 공동의 이익 사이에서 충돌이 빚어질 수밖에 없으므로, 암묵적인 심리적 계약을 통해 둘 사이의 적절한 균형을 찾고자 하는 것이다.

이를 위해서는 확실한 원칙이 필수적이다. 서로 다른 이익 사이에서 누구나 받아들일 수 있는 합리적이고 합당한 적정선을 찾는 게 관건이다.

그러다 보니 다음과 같은 요소들이 심리적 계약 형성에 매우 **중요한 역할**을 한다.

1. 소통

심리적 계약은 사람과 사람 사이의 소통을 통해 형성된다. 소통은 직접적인 대화, 통신 혹은 정보교류를 가리킨다. 소통의 방식은 주로 공식 소통과 비공식 소통으로 나뉜다.

공식 소통은 상급부서 혹은 조직루트를 통해 진행되는 전달과 교류를 말한다. 예를 들어 사장이 직원에게 내리는 지시, 조직 내 공식회의, 하부에서 상부로 올리는 보고 등은 모두 공식 소통에 속한다. 공식 소통은 상행소통, 하행소통, 평행소통으로 나뉜다.

상행소통은 하부에서 상부로 상황을 반영시켜 올리는 것이고, 하행소통은 사장이 기업의 목표, 제도, 업무절차 등을 직원에게 전달하는 것을 가리킨다. 상행소통을 통해 사장은 회사의 전면적인 상황을 통제할 수 있고, 직원들의 의견, 동향 심지어 감정, 태도, 관점 등을 더 많이 파악할 수 있다. 하행소통을 통해 직원들은 회사의 목표와 구체적인 조치를 이해하고, 사장의 생각을 파악해 업무에 반영할 수 있다. 평행소통은 관리자와 관리자, 직원과 직원 간의 정보교류를 가리킨다. 평행 구성원 사이의 원활한 교류는 서로 간의 갈등과 충돌을 감소시키고, 상하급 간의 발전적인 상호연동성을 촉진시킬 계기가 되어준다.

소통을 통해 기대할 수 있는 가장 이상적인 효과는 바로 원활함이다.

소통이 원활하지 않으면 업무를 순조롭게 진행하기가 힘들다. 소통의 장애를 초래하는 주요 요소로는 다음과 같은 것들이 있다. 첫째, 언어상의 장애다. 언어는 인류가 서로 소통하는 도구다. 그러나 똑같은 생각도 어떻게 표현하느냐에 따라 다른 의미가 될 수 있다. 명확하게 표현하면 아무 문제가 없지만 모호하게 표현하면 어쩔 수 없이 장애가 발생한다. 둘째, 사람마다 태도, 관점, 신념에서 큰 차이를 보이고, 이것 역시 소통의 장애를 초래할 수 있다. 어떤 사장은 직원에 대한 믿음이 없고, 수수께끼 같은 지시를 내리기를 좋아한다. 이런 상황에서는 직원도 사장의 지시 속에 담긴 '숨겨진 의미'를 찾느라 고민할 수밖에 없다. 그러다 보면 진정한 소통이 이루어질 수 없고 오해만 더 깊어질 뿐이다. 이 외에도 사람의 성격적인 요소도 소통에 영향을 미친다.

2. 경영방식

사장의 경영방식은 소통에 비교적 큰 영향을 미친다. '민주', '독재', '방임'이라는 3가지 경영방식 중에서, 원활한 소통에 비교적 쉽게 도달할 수 있는 건 민주적 경영방식이다. 서로를 존중하고 배려하는 상하관계가 만들어지기 쉽기 때문에 보다 유연하게 소통할 수 있다. 반대로 독재적 경영방식은 소통에 있어 제일 큰 제약을 받는다.

이밖에도 사장에게 평등의식이 있는지 여부, 상대에 대한 배려와 이해가 있는지 여부, 직원들의 속마음을 통찰할 수 있는지 여부, 업무상의 허점을 제때 메울 수 있는지 여부 등이 심리적 계약의 관건이라 할 수 있다.

3. 거리와 교류빈도

사장이 직원들에게 공간적으로 쉽게 다가갈 수 있고, 직원들의 경조사를 챙기며 기쁨과 슬픔을 함께 나눌 수 있다면, 서로 밀접한 관계를 형성하기 쉬워진다. 이런 관계가 만들어지면 소통의 장벽이 사라지고 상호협력과 공감대 형성이 가능해진다. 또한 교류의 빈도가 높을수록 비교적 밀접한 관계의 형성과 원활한 소통이 더 쉬워진다.

경영자는 심리적 계약의 중요성을 인식하는 동시에 심리적 계약의 부정적 작용도 경계해야 한다. 즉 특정한 조직이나 직장 내에서 상하 간에 심리적 계약이 체결되면 '거부' 세력이 만들어지게 되어있다. 이런 거부세력은 새로운 관계, 새로운 태도, 새로운 체계의 확립과 혁신에 영향을 미친다.

한마디로 심리적 계약은 양날의 검이다. 그것은 경영의 추진력을 더해주는 동시에 저항력과 억제력을 가져온다. 경영자는 제때 그것을 장악해 발전적인 인간관계의 촉화제가 되도록 해야 하며, 이로 인해 제도를 관철하고 시행하는 데 방해를 받아서는 안 된다.

❓ 심알못 사장을 위한 한마디

심리적 계약은 사장과 직원의 교류 과정에서 상호협력을 이끌어내는 융합점일 뿐 아니라 사장과 직원 사이의 불필요한 충돌을 막는 저지선이기도 하다.

예를 들어 어떤 기업이 비교적 긴 시간 동안 상호작용을 거쳐 사장은 직원을 신뢰하고, 직원도 능력을 발휘하면 보상을 받을 거라는 믿음을 형성하게 됐다. 이것은 직원이 공을 세웠을 때 사장이 그에 대해 제때 칭찬하고 보상함으로써 심리적 계약이 맺어졌기 때문이다. 그러나 이후에 사장이 공을 세운 직원에게 아무런 칭찬과 보상을 하지 않는 일이 빈번히 발생하게 되면, 이 심리적 계약은 저절로 깨지게 된다.

긍정적인 심리적 계약을 맺기 위해서, 외부적으로는 건강한 조직체계와 공정한 분배 메커니즘이 필요하다. 내부적으로는 공동의 정의감과 도덕관을 가지고 있어야 한다. 그리고 외부 조건과 내부 조건이 단단하게 연결되어야 비로소 심리적 계약이 유지될 수 있다.

지식형 직원_어떻게 창의성을 높일 수 있는가

 지식은 세상을 변화시키는 힘이자 첫 번째 생산력입니다. 최근의 비즈니스 환경을 살펴보면, 지식형 직원의 중요성이 점점 더 높아지고 있습니다. 이를 두고 혹자는 기업의 장기적 발전을 이끄는 자본이라고 부르기도 합니다. 그렇다면 경영자는 기업의 발전을 위해 꼭 필요한 그들을 어떻게 관리해야 할까요?

경영학의 대부 피터 드러커는 '지식은 오늘날 의미 있는 유일한 자원이다'라고 말한 바 있다. 전통적 생산요소로 분류되는 토지(즉 자연자원), 노동, 자본은 사라지지 않았지만 이미 2순위로 밀려난 지 오래다. 오히려 지식을 축적해야만 전통적인 생산요소를 손쉽게 획득할 수 있다. 따라서 지식형 직원을 어떻게 이해하고 관리할지가 중요한 문제로 대두되고 있는데, 비지식형 직원과 비교해봤을 때 지식형 직원은 개인적 특징, 심리적 요구, 가치관과 일하는 방식 등에서 많은 특수성을 지니고 있다.

- 지식형 직원의 대부분은 체계적인 전문교육을 받았고, 학력이

높은 편이며, 확실한 전문지식과 기능을 갖추고 있다. 이와 더불어 높은 교육수준 덕에 개인적 자질도 보편적으로 뛰어난 편이다. 그들은 시야가 넓고, 지식에 대한 욕구가 강하며, 학습능력이 뛰어나고, 지식의 스펙트럼이 넓다.

• 지식형 직원에게 성취에 대한 격려 또는 정신적 격려의 비중은 물질적 격려보다 훨씬 중요하다. 그들은 일의 성과를 확인하는 일에 목숨을 건다. 그들의 관점에서 볼 때 성과를 내는 것은 능력을 드러내는 최고의 증거이기 때문이다. 그들은 문제가 드러나면 적합한 해결 방법을 찾아내서 자신의 일이 더 완벽해지고 회사에 공헌할 수 있게 되기를 바란다. 그래서 성취감 자체가 그들에게는 매우 훌륭한 격려다. 뿐만 아니라 타인, 조직, 사회의 평가에 특히 신경을 쓰고, 사회적 인정과 존중을 무엇보다 바란다.

• 지식형 직원은 욕구단계가 높은 편이라 자신의 가치실현에 주목하는 편이다. 이 때문에 그들은 사무 차원의 평범한 일에 만족하지 못한다. 도전적이고 창의적인 일로 시선을 돌리고, 이 과정에서 개인의 능력을 맘껏 발휘해 자아가치를 실현하고자 한다.

• 지식형 직원은 전통적 육체노동자와 다르다. 그들은 개성이 뚜렷해서 권위나 권세를 맹목적으로 따르는 일이 드물다. 그래서 전통적인 조직 내 직위나 권위를 이용해 절대적 통제력과 구속력을 행사하려고 하면, 그들의 반발을 사기 쉽다.

• 지식형 직원은 편안하고 자발적인 참여도가 높은 업무 환경을 갈망

한다. 그들은 업무과정에서 자기주도와 자기경영의 원칙을 중시하고, 기계적으로 움직이는 것을 거부한다.

- 지식형 직원은 변화가 많고 불확실한 환경 속에서 창의적인 일에 종사하는 경우가 많다. 일반적으로 이런 업무는 고유의 공정이나 절차가 없고, 고정된 시간과 장소의 제약도 받지 않는다. 그러다 보니 지식형 직원 스스로 주체가 되어 일을 진행하는 경향을 보이며, 보수적이고 낡은 경영방식으로는 감독과 통제를 하기가 쉽지 않다.

> ### ❓ 심알못 사장을 위한 한마디
>
> 지식형 직원을 관리하기 위해 경영자는 다음과 같은 몇 가지 방법을 참고해볼 만하다.
>
> #### 1. 사람 중심의 격려 메커니즘 확립
> 격려 메커니즘은 지식형 직원의 심리적 욕구를 만족시키는 것에 중점을 둬야 한다. 심리적 계약은 쌍방 간에 이루어지며, 지식형 직원을 인정하고 상응하는 보상을 하는 것이 바로 경영자가 그들을 상대로 약속을 지켰다는 증거다. 이와 더불어 경영자는 자신을 기업의 주체라고 생각하던 낡은 관념에서 벗어나야 한다. 서로를 고용과 피고용인 관계로 규정하지 말고 지식형 직원을 기업의 주축이자 협력파트너로 바라보는 것이 좋다. 가능하다면 지식형 직원이 기업의 경영 결정과정에 참여할 수 있는 기회를 주고, 그들이 심리적으로 회사의 인정과 존중을 받고 있다는 확신을 갖게 해야 한다.

2. 가치 있는 비전의 제시

지식형 직원을 위해 비전을 그려내는 것은 기업과 개인의 발전방향과 목표를 확립하는 것과 같다. 지식형 직원은 기업이 필요로 하는 전문지식과 기술을 가지고 있는 존재다. 그들은 생각이 독창적이고 독립적이기 때문에 엄격한 제도의 틀 안에 그들을 가둬둘 필요가 없다. 경영자의 최우선 임무는 방향을 명확히 제시하고, 업무기준과 가치관, 실적기준을 확정하는 것이다.

연구결과에 따르면, 도전적 목표를 세울 때 지식형 직원의 발전가능성이 최대치로 올라가고, 자신이 속한 회사에 대한 심리적 인정도가 높아져 심리적 계약을 한층 더 공고하게 만들 수 있다고 한다.

3. 서로 신뢰하고 친밀한 기업문화 만들기

심리학자 스미스 가이는 신뢰에 대해 이렇게 말했다. "신뢰는 조직 생명체 안에서 기적을 낳는 요소입니다. 그것은 마찰을 줄이는 윤활제, 각기 다른 부품을 조합하는 접착제, 행동을 이끌어내는 촉진제로서의 역할을 하며, 다른 그 어떤 것으로도 대체할 수 없습니다." 신뢰는 쌍방의 어긋나는 부분을 하나로 맞추는 역할을 하기 때문에 경영자와 지식형 직원 간의 심리적 계약의 구축을 위해 특히 중요하다.

후광효과_왜 저 직원은 밉게만 보일까

 사람은 자신의 느낌에 따라 사람을 대하는 일이 종종 있습니다. 자신이 편애하는 직원을 평가할 때면 칭찬이 저절로 나오고, 반대로 싫어하는 직원에 대해서는 자기도 모르게 부정적인 생각이 덧붙여지죠. 때로는 부분적인 것에 현혹되어 전체를 보지 못하는 경우도 많습니다. 어떻게 해야 이런 상황을 피하고 직원의 마음을 얻을 수 있을까요?

후광효과란 한 사람의 가장 눈에 띄는 특징이 후광처럼 환하게 비추며 깊은 인상을 남겨서, 그것만으로 그 사람 자체를 평가하고 판단하게 되는 것을 가리킨다.

미국의 유명한 심리학자 솔로몬 애쉬는 다음과 같은 실험을 진행했다. 그는 피실험자에게 어떤 사람을 평가할 때 쓰는 5가지 형용사, 즉 '똑똑하다, 부지런하다, 충동적이다, 고집이 세다, 열정적이다'라고 적힌 카드를 보여주고 이런 특징을 가진 사람의 이미지를 상상해보라고 했다. 그 결과 피실험자 대부분이 이 사람을 성실하고 괜찮은 사람이라고 평가했다. 그 다음 실험에서는 카드 속에 적힌 열정적이다라는 말을 차갑다는 말로 바꿔 피실험자에게 그 이미지를 상상해보라고 요구했다. 그러자 피실험자들은 원래 이미지를 뒤집고 전혀 다른 이미지를 떠올렸다. 이를 통해 우리는 '열정', '차가움'이라는 특징이 '후광' 작용을 일으켜서 다른 특징을 모두 가려버리고, 전체 이미지를 결정짓는 것을 볼 수 있었다.

보통 후광효과는 상대방을 잘 모르는 상황에서 만들어진다. 여기에 개인적인 호불호까지 더해지면, 그 사람을 진정으로 이해하고 공정하게 평가하려는 노력을 아예 하지 않게 된다. 경영자는 사람을 판별할 때 이런 후광효과에 흔들리는 것을 경계해야 한다.

또한 직원을 대할 때 자신의 느낌에 의존하는 것 역시 경계해야 한다. 가끔은 자신조차 그렇게 한 이유를 명확히 설명할 길이 없다. 이럴 땐 가슴에 손을 얹고 스스로에게 물어볼 필요가 있다. '내가 이 사람에 대해 어떻게 생각하고 있지? 내가 좋아하는 직원인가? 싫어하는 직원인가? 그 이유는 뭐지?'

사실 경영자와 직원 사이에도 무의식중에 감정적으로 일을 처리하는 경우가 종종 발생한다. 예를 들어 당신이 한 회사의 사장으로서 특정 직원을 더 편애하고 무슨 일이든 그에게만 맡긴다면, 그 직원 역시 기대에 부응하기 위해 최선을 다할 것이다. 그런데 그 모습이 사람마다 다를 수 있다. 만약 당신이 첫째로 자라서 형제자매를 챙기며 자라왔다면, 그리고 그 직원이 막내로 자라나 누군가 챙겨주는 것을 익숙하게 느끼며 자라났다면, 당신은 감정이입 현상을 겪게 될 가능성이 높다. 당신이 편애하는 직원이 잠재의식 속에서 당신이 챙겨야 하는 형제자매가 되고, 그 직원은 첫째인 당신에게 무의식중에 의존하게 되는 것이다. 그렇지만 같은 직원이 다른 사장을 만나게 되면 완전히 다른 대우를 받을 수 있다. 그 사장이 의존도가 높은 직원에게 익숙하지 않다면, 이 직원의 업무능력마저 의심하게 될 것이다.

실제로 똑같은 사람을 두고 의견이 극명히 갈리는 사례가 흔히 존재한다. 어떤 사장은 독립적인 직원을 더 선호할 수 있다. 이런 직원은 신경을 많이 안 써도 스스로 일을 잘 처리하기 때문이다. 게다가 기대 이상의 능력을 발휘해 회사에 도움이 되기도 한다. 반대로 어떤 사장은 예전에 형제자매들이 속을 썩여 집안에 우환이 끊이지 않았던 기억 때문에 직원들이 자신의 뜻을 전적으로 따라주기를 바랄 수 있다.

기업의 경영자는 자신이 어떤 타입인지 스스로를 정확히 돌아봐야 한다. 그래야만 후광효과나 개인적 감정에 흔들리지 않고 비로소 객관적으로 직원을 평가할 수 있다.

❓ 심알못 사장을 위한 한마디

복잡한 사회 환경 속에서, 한 사람의 사회적 역할 안에는 그 사람의 다양한 특징과 개성이 복합적으로 내포되어 있다. 그래서 전방위적으로 그 내면을 관찰하고 분석하기 전까지는 어떤 재능을 가지고 있고, 어떤 일에 딱 맞아떨어지는지 정확하게 파악하기가 어렵다. 한 사람을 제대로 알고 싶다면 그 사람에 대해 다각도로 조사하고 파악하는 노력이 필요한 것이다.

그러므로 직원의 어느 한 면만 보지 말고 다른 면도 두루 살펴야 하고, 실력에만 초점을 두지 말고 인성도 주목해야 한다. 장점뿐 아니라 단점도 파악해야 한다. 그의 현재만 보지 말고 과거와 주변을 두루 연결시켜 지금의 모습을 판단해야 한다. 이렇게 전방위적으로 한 사람의 본질을 파악해야 비로소 직원에 대한 정확한 판단과 평가가 가능해진다.

경영자는 업무나 프로젝트를 총괄하고, 담당자를 평가해야 할 입장에 있는 존재다. 그러므로 언제나 직원을 대하는 자신의 태도를 명확히 하고, 경각심을 늦추지 말아야 한다.

레이니어효과_직원의 만족감은 어디서 생기는가

 직원의 적극적인 참여를 유도하기 위해서 가장 중요한 것은 두말할 것도 없이 적절한 보수입니다. 하지만 개개인의 욕구와 목표가 다른 만큼, 단순히 물질적인 보수만으로는 직원의 마음을 사로잡을 수 없습니다. 어떻게 해야 직원들의 심리적 만족도를 높이고 그들의 능력을 확대시킬 수 있을까요?

심리학에 등장하는 '레이니어효과'는 미국 워싱턴대학의 한 사건에서 비롯된 말이다. 당시 워싱턴대학 측은 교내 한 부지에 체육관을 지을 계획을 세웠다. 교수들은 이 소식을 전해 듣자마자 강력하게 반대하고 나섰는데, 그 이유는 체육관 건물이 들어설 부지가 캠퍼스 안에 있는 호수였기 때문이었다. 이때 워싱턴대학 교수들은 미국 내 대학교수 평균 연봉에 비해 20퍼센트 정도 낮은 연봉을 받고 있었다. 하지만 그들이 상대적으로 적은 연봉에도 불구하고 기꺼이 이 대학의 교수자리를 수락한 것은 바로 캠퍼스의 아름다운 경관에 반해서였다.

이곳에선 날씨가 맑을 때면 미국에서 가장 높은 설산 중 하나인

레이니어산이 한눈에 들어왔고, 차를 타고 나가면 아직도 활동 중인 세인트 헬렌스 화산도 볼 수 있었다. 워싱턴대학의 교직원들은 이렇게 아름다운 풍경을 즐길 수 있었기 때문에 더 높은 연봉을 기꺼이 포기하고 이곳을 선택했다. 그렇다면 워싱턴대학 교수의 연봉 중 80퍼센트는 화폐 형식으로, 나머지 20퍼센트는 아름다운 풍경으로 대신 지불되는 셈이었다.

만약 체육관을 지어 이런 아름다운 풍경을 파괴하고 더 이상 볼 수 없게 된다면 20퍼센트의 연봉이 깎이는 것과 같고, 교수들도 더는 그 대학에 남아있을 이유가 없어진다. 그렇게 되면 학교 측도 기존 연봉기준에 맞춰 동일한 수준의 우수한 교수들을 초빙하기 힘들어진다. 이 사례를 통해 우리는 아름다운 풍경 역시 인재를 유치하고 붙들어둘 수 있는 중요한 심리적 보수라는 것을 알 수 있게 되었다.

미국 사우스웨스트 항공사는 항공사 간 인재 쟁탈전이 치열해지고 있는 상황에서 '고용주 브랜드 이미지' 개념을 구축하여 기업의 핵심가치관에 부합하는 인재를 대량 유치하는 데 성공한 바 있다. 고용주 브랜드 이미지는 직원들에게 가치를 약속하는 것으로, 항공사는 직원들에게 보건, 재무보장, 교육과 발전, 일과 휴식, 재미 등 8가지 항목을 포함한 자유로운 '개인비행계획'을 보냈다. 그리고 이 계획은 '사우스웨스트 항공사, 자유는 나로부터 시작된다'라는 슬로건 형식으로 포장되었고, 직원 개개인의 자유로운 약속의 실현을 강조했다. 이들에겐 개인의 자유가 심리적 보수인 셈이다.

캐서린은 IT기업의 연구개발부서에서 일하며 회사에서 최근 운영 중인 '심리적 보수', 즉 힐링의 시간에 무척 만족해하는 중이다. 이 회사는 빌딩 꼭대기 층에 도예방을 만들어 생각이 잘 안 풀리거나 몸과 마음이 지쳤을 때 언제라도 이용할 수 있도록 공간을 만들어주었다. 흙을 빚어 그릇이나 병을 만드는 일은 간단해 보이지만 엄청난 집중력을 필요로 했다. 그렇게 무언가에 집중해 시간을 보내다 보면 스트레스가 사라지고 새로운 영감이 떠오르기도 했다. 게다가 회사에서는 직원들의 작품을 전시하고 특색 있는 작품을 선정해 상을 주는 등 적극적인 참여와 흥미를 유도했다. 캐서린 역시 이 도예방을 자주 이용했다.

"전시나 상금도 욕심이 나지만 스트레스가 심할 때 여기 와서 도자기를 빚으면 확실히 기분이 전환되고 마음이 차분해져서 업무에 더 도움이 되는 것 같아요."

여러 사례에서 살펴본 것처럼, 심리적 보수는 직원의 업무효율성과 만족도를 높이는 데 효과적이다. 심리적 보수는 바로 기업 및 그 일 자체에 대해 개인이 느끼는 일종의 심리적 가치를 가리킨다. 이것은 공평성, 자부심, 성취감, 책임감, 존중감, 영향력, 개인성장, 가치 있는 공헌 등을 포함한다. 따라서 물질적 보수와 심리적 보수의 역할이 서로 보완되면 시너지 효과를 낼 수 있다. 기업의 발전을 위한 직원의 능력과 열정은 이 과정에서 자발적으로 폭발하기 마련이다.

오늘날 기업이 직원의 심리적 보수에 주목해야 하는 이유는 이것을 빼놓고 효율적인 임금체계의 확립을 논할 수 없기 때문이다. 심리적 보수를 만족시키기 위해 기업은 다음 요소를 고려해야 한다.

1. 임금체계와 진급제도의 상대적 공평성

업무, 직위, 등급별 임금의 불평등과 공정하지 못한 진급제도는 직원의 불만을 야기할 수 있다. 예를 들어 한 영업관리 슈퍼바이저는 높은 월급에 만족하며 충실히 직장생활을 하고 있었다. 하지만 어느 날 우연치 않게 영업 매니저의 월급이 자신보다 훨씬높다는 것을 알게 되었다. 그는 평소 영업 일선에서 실질적인 업무를 모두 주도적으로 관리하고 있었고, 영업 매니저는 그 일을 상하부에 전달하는 중간자 역할을 할 뿐이었다. 그의 실망은 사표로 이어졌다. 사실 그는 자신의 월급에 그다지 불만이 없었다. 그가 사표를 낸 진짜 이유는 임금체계의 불합리와 공정하지 못한 내부시스템이었다.

2. 정신적 격려의 확대

정신적 격려는 규모나 실력 면에서 대기업에 못 미치는 중소기업에 특히 필요하다. 관심어린 말 한마디, 따뜻한 인사, 친근한 악수가 직원들에게 평생 잊지 못할 기억이 되어 회사를 위해 자신의 열정과 능력을 바치고 싶은 마음이 우러나오는 계기가 되기 때문이다.

직원이 일의 성과를 내면 제때 칭찬하기, 직원의 생일이 되면 진심어린 축하의 말이 담긴 카드 보내기, 직원들과 자주 소통의 자리 마련하기, 직원의 의견에 귀를 기울이고 진심어린 답변 해주기, 직원의 건의와 아이디어가 회사에 도움이 되면 이를 적극 채택하고 물질적 보상 해주기 등이 대표적 예이다.

이런 조치들은 들이는 돈과 시간에 비해 엄청난 시너지 효과를 내고, 직원들에게 예상치 못한 기쁨과 회사에 대한 자부심을 느끼게 해준다.

3. 원만한 인간관계와 융합

사람은 돈과 성취뿐 아니라 사회적 교류에 대한 욕구 때문에 일을 하기도 한다. 그래서 서로를 지지해줄 수 있는 우호적 인간관계는 일에 대한 만족도를 크게 상승시킬 수 있다. 유명기업 모토로라는 직원의 인간관계 개선교육을 특히 중시했다. 이런 교육을 통해 직원들은 회사 내 인간관계 문제점에 대해 비교적 체계적인 인식을 갖게 되었다. 이 안에는 직원 간의 감정과 교류, 직원의 사회적 관계와 심리상황, 기업에 대한 소속감 혹은 소외감, 부서 간의 관계 등이 포함된다.

심리학자의 실험결과에 따르면, 사람들은 우정, 존중, 온정, 관심과 같은 사회적 욕구가 무척 강하다. 그만큼 사회적 교류에 대한 욕구 역시 직원의 열정을 이끌어내고, 업무효율을 상승시키는 데 매우 중요한 요소다.

메기효과_왜 저 사람은
월급 도둑이 됐는가

모든 경영자는 조직이 늘 활력으로 가득하기를 바랍니다. 하지만 사람은 기본적인 욕구가 충족되고 환경에 익숙해지면 현실에 안주하고 더 이상 앞으로 나아가지 않으려는 경향이 있습니다. 시시각각 변하는 비즈니스 환경에서 이런 마인드는 생존을 위협할 뿐이죠. 당신은 어떻게 월급 도둑이 되어버린 직원들의 마음을 다잡고 잃어버린 열정을 고취시키겠습니까?

정어리는 육질이 부드럽고 맛이 좋은 생선 중 하나다. 특히 살아서 팔딱팔딱 뛰는 정어리는 가격이 비싸도 북유럽 사람들의 식탁 위에 늘 올라갈 만큼 인기가 좋고, 특히 노르웨이 사람들이 즐겨 먹는다. 그러나 정어리는 그물로 건져 올린 후 얼마 못 가 죽기 때문에 산 채로 육지까지 이송하는 것이 불가능했다. 그러다 보니 살아있는 정어리는 높은 가격에 거래될 수밖에 없었다. 어민들은 어선에 실은 정어리를 산 채로 이송하기 위해 온갖 방법을 총동원했지만 어느 것도 성공하지 못했다.

그런데 딱 한 어선만이 매일 살아 숨 쉬는 싱싱한 정어리를 시장으로 운송해 큰돈을 벌어들였다. 선장은 정어리를 산 채로 싣고 온

비법을 누구에게도 알려주지 않았기에 그 비법은 그가 죽은 후에야 세상에 알려졌다. 알고 보니 그는 정어리를 넣어두는 수족관에 정어리의 천적 메기를 풀어두었다. 막 잡아 올린 정어리들은 수족관에 들어가 메기를 보는 순간 잔뜩 긴장한 채 살기 위해 사방으로 도망치며 메기의 추격을 피해야 했다. 이런 식으로 장거리 항해를 하는 내내 정어리는 생기를 잃지 않고 부두까지 도착했고, 가장 신선한 상태로 거래될 수 있었다. 그 단순한 비법이 선장에게 부를 안겨주었던 것이다. 이것이 바로 유명한 '메기 효과'의 유래다.

메기는 정어리들이 생기를 유지하는 데 탁월한 작용을 했다. 마찬가지로 직장에서 인재채용은 앞선 조직관리 경험과 전문기술을 빠르게 업그레이드시키고, 조직에 활기를 불어넣는 좋은 방편이다. 새로운 인재의 유입은 기존 인력의 이익과 지위에 위협이 되기 때문에, 타성에 젖어있던 직원들이 자신의 자리를 지키기 위해 다시금 노력하는 계기를 만들어준다. 또한 전방위적 인재의 유입으로 직원들 간의 상호경쟁과 동기부여가 이루어지고, 경쟁과 압박의 수위가 높아지면 느슨해졌던 조직의 기강이 바로잡힐 수 있다.

1980년대 중반, 일본 건설업체 미사와홈은 마쓰시타와 도요타 등에서 상무, 전무 급 '대물 메기'를 들여왔다. 이때부터 직원들은 위기감에 휩싸이기 시작했다. 미사와홈 사장은 메기효과를 잘 활용한 사례로 볼 수 있다. 어느 회사든 창립 초기에는 새로 발탁한 창의적인 인재들로 활기가 넘쳐흐른다. 하지만 시간이 지날수록 직원들은 타성에 젖기 시작하고 활기를 잃어간다. 바로 이럴 때 재기 넘치는 새로운 피를 긴급 수혈해 조직의 활력을 불어넣는 것이다. 기존 직원들은 그들의 도전에 압박을 느낄수밖에 없고, 자연스럽게 잔잔했던 호수 위로 파문이 일어나듯 새로운 변화가 시작된다. 이것이 바로 일본 기업의 중도채용전략이다. 이 전략의 핵심은 능력 있고 머리회전이 빠른 젊고 유능한 신예부대를 뽑아 회사에 활력을 불어넣는 것이다.

고대 중국에서도 메기효과를 적극 활용했던 사례가 있다. 그들은 마구간에서 원숭이를 기르면 말이 절대 병에 걸리지 않는다고 믿었다. 원숭이는 천성이 활동적이어서 함께 생활하다 보면 신경이 예민한 말이 쉽게 놀라거나 화내는 일이 줄어들고, 그런 상황에 익숙해지면 갑작스러운 소리에도 더 이상 발작을 일으키며 날뛰지 않게 된다. 또한 원숭이 때문에 말이 서서 소화를 시키고 잠을 잤으며, 몸을 지탱할 수 없을 만큼 힘들거나 병이 났을 때만 누워서 휴식을 취했다. 그 덕에 흡혈충병도 예방이 되었다. 그래서 마구간에서 키우는 원숭이를 '필마온(弼馬溫, 서유기의 주인공인 손오공이 천계의 옥황상제로부터 내려 받은 직위로, 천계의 마구간을 돌보는 관리직을 가리킴-역주)'이라 불렀고, 누군가는 이 현상을 '필마온효과'라고 이름 붙였다.

미국의 은행가 루이스 란베르그 역시 메기효과와 유사한 이론을 내세운 바 있다. 아프리카 초원에서 지평선 위로 아침 해가 떠오르면 영양은 사자의 추격을 피해 어떻게 하면 더 빨리 뛰어 도망칠 수 있을지 끊임없이 고민한다. 사자도 다르지 않았다. 사자는 자신의 생존에 필요한 영양을 잡아먹기 위해 어떻게든 더 빨리 달릴 궁리를 해야 했다. 영양과 사자 모두 강한 위기의식을 느끼고 있었다. 영양은 살기 위해 죽어라 도망쳐야 하고, 사자는 굶어 죽지 않기 위해 더 빨리 달려야 했다. 한마디로 둘의 속도전은 살기 위한 몸부림이었다. 이를 근거로 란베르그는 직원을 위해 적당한 위기의식을 조성해야 한다고 말했다. 압박감이 없으면 동력이 생길 수 없고, 압박감이란 그것을 감당할 수 있을 때 동력으로 전환될 수 있다는 것이다.

우리 주변에는 목표의식이나 의지는 물론 책임감도 없는 사람, 남이 이끄는 대로 따라가기만 하려는 사람, 목표만 크게 세우고 행동으로 옮길 용기조차 없는 사람들이 적지 않다. 그들에게 이성이나 자율은 존재하지 않으며 늘 타인의 영향을 받아 이리저리 휩쓸린다. 그들이 일하는 목적은 오로지 기본적인 생리욕구와 안전욕구를 채우기 위해서다.

사람들이 나태해지는 이유는 환경의 탓이 크다. 누구나 편안하고 안일한 삶을 쫓기 마련이고, 향락을 탐하는 욕구도 피하기 어렵다. 이때 강력한 경쟁상대를 만날 수 있다면 변화의 전환점이 될 수 있다. 이들의 존재는 즉각적으로 경각심을 높이고, 살아남기 위한 경쟁을 시작하게 만든다. 그만큼 강력한 경쟁상대는 그동안 잠자고 있던 무한한 능력을 폭발시키는 엄청난 촉매제라 할 수 있다.

한 사람의 잠재력은 무궁무진해서 누구나 생각했던 것 그 이상을 해낼 만한 능력을 충분히 가지고 있다. 고대 그리스 철학자 플라톤은 '사람은 누구나 선천적으로 지혜를 가지고 있고, 그 머릿속에 담을 수 있는 지식은 무한하다'고 말한 바 있다. 실제로 인간의 잠재능력 중 90~95퍼센트가 제대로 활용되지 못하고, 세상에 빛을 보지 못한 채 썩어가고 있다.

경영자들 중에는 회사 안에서 어떤 동요도 일어나지 않기를 바라는 마음에, 새로운 직원을 채용하는 것조차 꺼리는 경우가 있다. 이런 회사는 조직의 활력을 점점 잃을 수밖에 없다. 사실 적당한 압박감은 회사에 활력을 가져다주는 좋은 방법이고, 이것이 바로 메기효과가 필요한 이유기도 하다. 경영자는 능력 있는 인재를 채용해 느슨해져가는 조직의 나사를 조이고, 기존 직원들의 안일한 태도와 안주하려는 심리를 압박하며, 회사의 수준을 빠른 속도로 끌어올려야 한다. 그래야만 직원들 역시 서로 도태되지 않기 위해서 잠재된 능력을 발휘할 수 있다.

다만 경영자가 직원에게 위기의식을 주입하고 압박을 줄 때는 반드시 그 수위를 적절히 조절해야 한다. 과도한 위기의식은 누구를 믿고 따라야 할지 혼란만 가중시키고, 불안감이 너무 커져버리면 회사를 떠나게 만들 수 있다. 이처럼 위기의식은 양날의 검과 같으니 절대 경영자 마음대로 그 칼을 휘둘러서는 안 된다.

로젠탈효과_ 어떻게 직원의
능력치를 끌어올리는가

 사장은 사장이기 때문에 필연적으로 알아서 일합니다. 마찬가지로 만약
직원이 회사를 자기 것으로 생각한다면, 말하지 않아도 자율적으로
움직이며 조직의 발전을 이끌어갈 겁니다. 흔히 직원의 주인의식을
강조하는 것도 이 때문이죠. 그러면 어떻게 해야 직원들의 자율성을
강화하고 능력치를 기대 이상으로 끌어올릴 수 있을까요?

1966년 하버드대학 로버트 로젠탈 사회심리학 교수는 한 가지 실
험을 진행했다. 그는 한 무리의 쥐를 A조와 B조로 나누었다. 그는
한 실험자에게 A조의 쥐를 건네며 특별히 똑똑한 쥐들만 선별했으
니 훈련을 잘 시켜야 한다고 알려주었다. 다른 실험자에게는 B조의
쥐를 주며 지능이 평범한 쥐들이라고 설명했다.

실험자 2명은 자신들이 맡은 쥐들을 상대로 훈련을 진행했다. 일
정 시간이 지난 후 로젠탈 교수는 2개 조의 쥐들을 상대로 미로 통
과 테스트를 실시했다. 쥐들은 미로를 탈출하는 순간 먹이를 획득할
수 있다. 그러나 통과하는 과정에서 계속 벽이 나타나다 보니 뛰어
난 기억력과 지능이 필요했고, 비교적 똑똑한 쥐들만이 먼저 미로를

통과할 수 있었다. 실험 결과 A조 쥐가 B조 쥐보다 훨씬 영리한 움직임으로 미로를 먼저 통과했다.

이런 결과가 나온 후 로젠탈 교수는 2개 조의 쥐들을 무작위로 선별했다고 밝혔다. 그는 어느 쥐가 더 똑똑한지 전혀 알지 못한 채 임의로 쥐를 나눴고, 각각 머리가 똑똑한 쥐와 평범한 쥐라고 속여 실험자에게 건넸던 것이다.

실험자는 A조의 쥐가 똑똑하다고 이미 확신하고 있었기 때문에 그 수준에 맞춘 방식으로 훈련을 진행했다. 그 결과 A조 쥐들은 정말 똑똑한 쥐가 되었다. 반대로 평범한 B조 쥐를 받은 실험자는 평범한 방식으로 훈련을 진행했고 쥐들은 평범한 수준에서 벗어나지 못했다.

이후 로젠탈 교수는 매우 유명한 실험을 한 차례 더 진행했고 그 결과로 세상의 주목을 받았다. 1968년 로젠탈 교수와 조교는 한 초등학교로 찾아가 1학년부터 6학년 중 3개 학급을 선택해 학생들을 대상으로 지능지수 검사를 실시했다. 로젠탈 교수는 언어능력, 추리능력과 관련된 테스트를 한 후 특별히 IQ가 높은 학생들을 칭찬하며 그들의 명단을 교장과 담임선생님에게 건넸다. 또한 그들에게 실험의 정확성을 위해 끝까지 비밀을 지켜달라고 신신당부했다.

로젠탈 교수는 8개월 후에 다시 그 학교를 찾아가 지난번에 실험에 참여했던 학생들을 대상으로 다시 지능검사를 실시했다. 명단에 있던 학생들의 성적은 크게 향상되었고 각 방면으로 아주 우수한 결과를 보여주었다. 로젠탈 교수는 그제야 이 실험의 진실을 알려주었다. 사실 명단에 올라간 학생들은 지능검사에서 우수한 성적을 거둔 학생들이 아니라 무작위로 선정된 것이었다. 이 모든 것이 로젠탈 교수의 '권위적인 거짓말'에 불과했다. 그렇다면 거짓말은 어떻게 진실로 변할 수 있었을까?

핵심은 '기대'라는 마법의 지팡이였다. 로젠탈은 미국의 유명한 심리학자였기 때문에 사람들은 그의 권위를 무시할 수 없었고, 그의 거짓말을 한치의 의심도 없이 굳게 믿었다. 로젠탈 교수의 거짓말은 암시효과를 발휘해 교사들이 학생들의 능력을 평가하는 데 결정적 영향을 미치게 했다. 그들은 명단에 올라온 학생들이 우수한 학생이라고 확신했고, 그들에게 거는 기대가 남달라졌다. 그리고 이런 기대심리는 교사들의 감정, 말, 행동을 통해 학생들에게 무의식중에 전달되었다. 예를 들어 수업시간에 그 학생들에게 관심을 더 기울이거나 질문을 많이 하며 학습 참여도를 높여 주는 등의 변화가 일어났다. 이 때문에 학생들은 더 많은 기대와 관심을 받게 되었고, 그 기대와 격려 덕에 자신감과 자긍심이 높아지며 빠른 성적향상이 이루어졌다. 훗날 사람들은 타인(특히 교사, 상사, 사장, 부모와 같은 '권위적인 타인')의 기대와 칭찬을 한몸에 받으면 놀라운 능력을 발휘하게 되는 현상을 '로젠탈효과(Rosenthal Effect)'라고 이름 지었다.

나폴레옹은 장군이 병사의 제복을 입으면 병사가 되고, 병사가 장군의 제복을 입으면 장군이 된다는 명언을 남겼다. 물론 여기서 말하는 제복은 제복 자체를 가리키는 것이 아니라 '역할'의 의미를 담고 있다. 병사의 역할을 맡은 자는 그 지위(병사)에 걸맞은 능력만 발휘할 수 있을 뿐이지만,

그에게 더 높은 지위를 주면 그 지위에 맞는 또 다른 능력을 발휘할 수 있다는 것이다. 심리학에서는 이를 '역할 기대'라고 부른다.

마쓰시타 전기산업의 사업이 빠르게 발전하자 1926년 마쓰시타 고노스케 사장은 가나자와 시에 영업소를 세울 계획이었다. 하지만 그는 그곳에 가본 적이 없었다. 이곳은 회사의 첫 번째 영업점이었기 때문에 그는 각 방면으로 능력이 출중한 직원을 그곳으로 보내 관리를 맡길 생각이었다. 회사 직원들 중에 그 일을 감당할만한 인재는 여럿 있었다. 다만 오랜 경력을 가진 노련한 직원을 영업소로 보내자니, 회사의 다른 업무에 차질이 빚어지는 상황이었다.

마쓰시타 고노스케는 문득 이십 대의 젊은 직원을 떠올렸다. 그는 입사한 지 2년도 안 됐지만 누구보다 성실하게 일하며 실적을 올리는 데 큰 도움이 되었다. 그는 이 직원이 프로젝트를 누구보다 잘 해낼 거라고 확신했다. 심사숙고 끝에 그는 그 직원을 사무실로 불러 이렇게 말했다.

"회사가 이번에 가나자와 시에 영업소를 두기로 결정했다네. 자네가 그곳의 소장을 맡아주게. 지금 당장 그곳으로 가서 최적의 장소를 찾아 사무실을 임대하고 영업소를 차리게. 자금은 걱정하지 말고 당장 일을 시작해주게."

이 직원은 사장이 자신의 능력을 인정해주는 것이 기쁘면서도 쉽게 이해가 되지 않았다.

"이 일은 제가 감당할 만한 일이 아닙니다. 회사에 들어온 지 아직 2년

이 되지 않은 말단직원에 불과한 제가 어떻게 그렇게 중요한 일을 해낼 수 있겠습니까? 아직 별다른 경험도 없고…."

"자네가 해내지 못할 일은 없네. 안심하게, 자네라면 반드시 해낼 테니!"

마쓰시타 고노스케의 격려를 받고 나자 이 젊은 직원은 자신이 해낼 수 있을 거라는 자신감이 생겨났고 바로 가나자와 시로 가서 일을 시작했다. 3주가 지난 후 영업점을 열기 위한 준비 작업이 모두 완료되었다. 게다가 이 영업점은 빠른 속도로 이윤을 창출하며 회사가 가나자와 시로 진출하는 첫 번째 축포를 쏘아올렸다.

우리는 이런 경험들을 종종 하게 된다. 동료로 있을 때는 특별할 것도 없고, 심지어 지나치게 평범한 축에 속하던 사람이었는데, 이직 후 분위기나 말, 행동이 예전과 전혀 달라졌음을 느끼게 된다. 만약 그가 스카우트되지 않았다면 잠재능력을 발휘하지 못하고 끝까지 평범한 사람으로 남았을지도 모를 일이다.

긍정적인 심리 암시는 한 사람이 꿈을 이룰 수 있는 초석이 된다. 기대와 믿음은 거대한 에너지와 같아서 사람의 행동을 바꿀 수 있다. 특히 권위 있는 인물의 기대와 칭찬을 받았을 때 사람은 누구나 자기도 모르게 그 사람의 영향을 받게 된다.

그러니 당신이 회사를 이끄는 경영자라면 직원들을 더 많이 격려하고 그들의 자신감을 높여줄 수 있어야 한다. 칭찬과 격려가 바보를 천재로 만들고, 비난과 질책이 천재를 바보로 만들기도 한다는 사실을 명심해야 한다. 물론 이런 기대와 칭찬은 직원의 나이, 성별, 성격, 심리상태 등 실제상황을 고려해 융통성 있게 이루어져야 원하던 효과를 거둘 수 있다.

특히 현명한 경영자라면 로젠탈효과를 기업의 경영과정에서 적절히 활용할 줄 알아야 한다. 경영자가 직원의 능력과 가능성을 확신한다는 정보를 무의식중에 전달한다면, 직원의 업무실적에도 긍정적인 영향을 미치게 된다.

사회적 태만_도대체 누구의 책임인가

 다 같이 마음을 모으면 태산도 옮긴다는 옛말이 있습니다. 그래서인지 어떤 사장들은 조직 구성원들이 목표를 향해 다 같이 움직이는 것을 특히 중요하게 생각합니다. 하지만 우리는 똑똑한 인재들이 모여 최악의 결과를 내는 경험을 하곤 하죠. 도대체 이런 일들은 왜 발생하는 걸까요? 그리고 도대체 누구의 책임일까요?

기업을 경영하다 보면 '사회적 태만' 현상이 나타날 수 있다. 때문에 경영자는 늘 이 문제를 주시해야 한다. 사회적 태만은 혼자 일할 때보다 여럿이 함께 일할 때 개인의 노력과 효율이 감소하는 것을 가리킨다.

사회적 태만 현상은 1980년대 후반부터 연구가 시작되었다. 프랑스 심리학자 막스 링겔만은 집단행동 속에서 개인의 공헌도가 미치는 영향을 집중 분석했다. 그는 끌어당기는 힘을 측정하기 위해 1인, 3인, 8인으로 조를 나눠 줄다리기 실험을 진행했다. 그 결과 한 사람이 밧줄을 끌어당길 때의 힘은 63킬로그램이었고, 세 사람이 함께 당기면 160킬로그램으로 증가해 일인당 평균 53킬로그램의 힘을 썼다. 여덟 사람이 되면 248킬로그램으로 늘어나 일인당 힘의 크기가 평균 31킬로그램으로 나뉘었고, 이 수치는 혼자 당겼을 때 나온 힘의 절반 수준이었다.

그래서 링겔만과 그의 동료는 사회적 태만 현상에 대해 좀 더 심도 깊은 실험을 진행했다. 그중 한 실험에서 그는 학생들에게 환호나 박수의 방식으로 가능한 크게 소음을 만들도록 했다. 이때 학생들은 1인, 2인, 4인, 6인이 한 팀이 되어 미션을 수행했다. 그 결과 소음의 크기는 집단 구성원 수가 증가할수록 계속 작아지는 현상을 보였다.

미국의 한 사회심리학자는 사회적 태만의 원인을 크게 3가지로 나눴다. 첫째, 평가의 작용이다. 집단행동이 이뤄질 때 개인의 업무는 익명으로 진행되며, 성과에 대한 평가대상은 개인이 아니라 집단이다. 그래서 이런 상황이 되면 개인은 자신의 행위에 대해 책임을 지지 않아도 된다. 이것은 '나 혼자쯤이야'라는 생각으로 이어지고, 책임과 의무에 소홀해지는 경향을 보이게 된다. 둘째, 인지의 작용이다. 개인이 집단에 속해 일을 하게 되면, 다른 사람도 별다른 노력을 하지 않고 꾀를 부릴 거라고 혼자 판단하고, 자신에게도 면죄부를 줄 수 있다. 셋째, 사회적 작용이다. 집단이 공동과제를 수행할 때 개인은 구성원 중 1명이기 때문에 다른 사람과 함께 외부의 영향을 받게 된다. 그렇다면 구성원이 많아질수록 개인이 받게 되는 외부 영향력도 분산, 약화될 수밖에 없다. 실패해도 내가 모든 책임을 지지 않아도 된다는 생각이 저변에 깔리게 되는 것이다. 이런 식으로 개인의 책임감과 노력도 약해지게 된다.

'사회적 태만'과 같은 현상이 왜 생기는지에 대해 심리학자는 이렇게 설명했다. 인간은 집단의 일원으로 행동을 하게 되면 자신이 잘했는지 못했는지 아무도 모르기 때문에 자연스럽게 익명의 커튼 뒤로 숨어 책임을 회피하려 든다. 이런 심리가 단체 속에서 사회적 태만 현상을 초래하게 된다. 그래서 집단의 규모가 커질수록 사회적 태만의 수위도 높아질 수밖에 없다. 이런 문제를 해결하는 방법은 바로 조직 구성원 개개인의 공헌도에 따라 평가를 받는 시스템을 정착시키고 집단의 방패막 속으로 숨기 어려운 조직을 만드는 것이다. 이러한 상황을 만들면 보상에 대한 기대감이 높아지고, 조직의 일원으로서 최선의 노력을 하게 된다.

> **? 심알못 사장을 위한 한마디**
>
> 사회적 태만은 집단의 업무효율을 확연히 떨어뜨린다. 따라서 경영자는 기업관리 과정에서 사회적 태만의 부작용을 줄이기 위해 다음과 같은 조치를 취해야 한다.
>
> · 기여도에 대한 평가점수를 공개할 때 팀 전체의 업무평가 점수뿐 아니라 개별적인 평가점수도 공개해 모든 사람이 자신의 기여도를 알게 해야 한다.
> · 집단 구성원 간에 각자의 업무평가 점수를 공유하도록 해 자신뿐 아니라 다른 사람도 노력하고 있다는 사실을 깨닫게 해야 한다.
> · 집단의 규모가 너무 커지지 않도록 해야 한다. 만약 그 규모가 너무 방대해졌다면 소집단으로 나눠 모든 구성원이 실패에 대한 책임의식을 갖도록 만들어야 한다.

PSYCHOLOGY FOR THE BOSS

직원과의 적당한 거리를
유지하는 소통 심리학

소통은 생존의 필수조건이다. 사장은 직원이나 고객뿐 아니라, 협력업체, 주주, 정부, 지역사회 주민, 언론 등을 상대해야 한다. 또 조직이 원활하게 굴러가기 위해서는 조직 구성원들끼리의 소통도 매우 중요하다. 어느 한곳이 막혀버리면 나비효과를 일으켜 조직 전체가 소통불능의 함정에 빠질 수밖에 없다.

소통은 다양한 방식으로 이루어진다. 가장 직접적인 대화뿐만 아니라 표정, 몸짓 같은 비언어적 방식까지 모두 포함될 수 있다. 이때 사장의 가장 큰 역할은 사장과 직원, 직원과 직원 사이에 자유롭게 소통하는 분위기를 만드는 것이다. 이를 위해 이 장에서는 사장이 꼭 알아야 할 소통 심리학을 전한다.

"알고 보니 오늘 입은 양복이 5년 전에 맞춘 거더군.
그 얘기를 해주고 싶어서 전화를 걸었네."

편한 대화 속에서 직원의
감정적 욕구가 드러난다

회사 안에서 직원들 사이에 단합이 잘 되지 않고, 조직에 대한 책임감이나 신뢰가 없어 갈등을 빚는 경우가 적지 않습니다. 경영자들도 이런 문제를 해결하기 위해 노력해보지만 마땅한 방법을 찾지 못해 고민이 이만저만이 아닙니다. 어떻게 하면 이런 상황을 극복할 수 있을까요?

누군가와 소통을 하고 싶어도 예기치 못한 요인 때문에 실패할 때가 많다. 만약 상대방이 화가 나 있거나 타인과 어울리는 것을 거부한다면 어떨까? 무엇도 보고 들으려 하지 않으니 그의 마음속으로 들어갈 수 없고, 당연히 무슨 생각을 하는지도 절대 알 수 없다.

회사 조직 안에서 이런 식의 소통장애현상은 의외로 자주 발생한다. 직원이 개인 사정이 있거나 일이 잘 안 풀려 부정적인 감정에 휩싸인다면 누구라도 평소와 전혀 다른 모습을 보일 수 있다. 그 전까지 소통도 잘되고 좋은 인상을 받았던 사람인데 갑자기 말 걸기도 힘들고, 전혀 다른 사람처럼 거리감이 느껴질 때가 있다.

이런 보편적이고 일시적인 소통 장애에 관해 미국의 직업훈련전문가 스티븐 브라운은 직원의 닫힌 마음을 열고 싶다면 그들이 효율적인 교류를 하도록 길을 열어줘야 한다고 강조한다. 이를 위해서는 다양한 소통방식이 뒷받침되어야 하는데, 자유롭고 편한 대화는 그중에서도 가장 좋은 방식이다. 최근 많은 대기업들이 비공식적인 교류를 활성화시켜서 자유롭게 대화를 나눌 수 있는 분위기를 조성하는 것도 이 때문이다. 또한 한걸음 더 나아가 이를 제도적으로 뒷받침을 하기 위해 여러 가지 조치를 취하는 추세다. 예를 들어 미국의 디즈니사는 회장부터 말단 직원까지 직함이 쓰여있지 않은 명찰을 가슴에 달도록 규정을 정했다. 또한 서로 대화를 나눌 때 심리적 부담을 줄이고 관계의 벽을 허물기 위해 서로의 이름을 직접적으로 부르게 하고 있다. 어떤 회사의 사장은 이런 비공식적 교류방식의 일환으로, 구내식당의 4인용 테이블을 기다란 직사각형 모양의 식탁으로 전면 교체했다. 그가 이런 변화를 시도한 이유는 서로 모르는 사람들끼리 만날 수 있는 기회를 좀 더 늘리기 위해서였다. 예전에는 친한 사람들 몇 명만 식탁에 앉아 밥을 먹고 얘기를 나눴지만, 이런 작은 변화를 통해 직원들이 비공식적인 정보교류의 기회를 더 많이 가질 수 있도록 한 것이다.

직원들은 사장이 자유로운 대화를 즐기는지 혹은 어떤 식으로 대화를 나누는지를 보고 그의 인품, 성향, 가치관 등을 판단한다. 따라서 인간관계 방면으로 볼 때 사장 역시 대화의 중요성을 간과해서는 안 된다. 자유로운 대화는 사무실 밖에서 주로 이루어진다. 사장이 대화의 방식을 잘 활용해 직원들과 효율적으로 교류할 수 있다면 그에 대한 직원들의 생각 자체가 바뀔 수 있다.

통상적으로 볼 때 직원은 대부분 편한 대화 속에 감정적 욕구를 반영시킨다. 그러므로 대화에 익숙하지 않은 사장은 직원들의 변화, 일에 대한 생각, 회사생활에 대한 의견 등을 전혀 모르거나 제대로 아는 게 없다. 일단 그가 알고 난 후에는 그런 일들이 이미 그의 손을 벗어나 있을 가능성이 높다. 경영자가 직원과의 자유로운 대화를 하등 가치 없는 일로 치부해 버린다면, 누구도 그에게 다가가려 하지 않을 것이니 소통의 장애가 생길 수밖에 없다. 반대로 당신이 점심식사를 할 때 직원들과 음식의 맛, 환경, 옷, 집안 일 등을 거론하며 대화를 나눈다면 누구나 감정적으로 공감하며 쉽게 호응을 해줄 것이다. 한 사회심리학자의 조사와 분석에 따르면 사람들은 능력과 지위를 갖춘 사람이 보여주는 친절이나 친근한 모습에 특히 더 흥미를 느낀다는 결과가 나왔다. 그들은 누구나 부러워할 만큼 많은 것을 이룬 특별한 사람이기 때문에, 감정적으로 소통하며 더 가까워지고 싶은 마음이 강할 수밖에 없다는 것이다.

미국 제40대 대통령 레이건은 인맥이 넓고 농담을 즐기는 인물이었다. 그는 권위의 벽 안에 자신을 가두는 스타일이 아니었다. 대통령 재임 기간 중에 한 기자가 레이건의 새로운 양복이 멋져 보인다고 칭찬을 하자 레이건이 이렇게 말했다.

"새로 맞춘 양복이 아니라 벌써 4년이나 된 양복이라네."

저녁에 그가 백악관으로 돌아와 기자에게 다시 전화를 걸었다.

"내 말을 좀 정정하고 싶어 전화를 걸었네. 알고 보니 오늘 입은 양복은 4년이 아니라 5년 전에 산 양복이더군."

레이건은 이렇게 사소한 일로 전화를 하는 것에 전혀 개의치 않았고, 사람들은 이런 레이건의 모습을 보며 그를 유머러스하고 친근한 이미지로 받아들였다.

경영자로서 당신은 업무에 얽매여 경직된 모습만 보여줄 게 아니라, 직원에게 다른 면도 보여주며 편하게 다가갈 수 있어야 한다. 그래야 사람들과의 심리적 거리감을 줄이고 공감대를 형성할 수 있다. 이때 편하게 나누는 대화는 그 거리를 줄이는 데 아주 중요한 역할을 한다.

서로 편하게 인사를 주고받는 것도 대화의 일종이다. 이런 인사를 통해 감정의 정보를 전달할 수 있으니 인간관계의 매우 중요한 수단이 아닐 수 없다. 인사를 나누는 것은 상대에게 관심을 보여주는 행위이자 좋은 관계를 유지하고 싶은 당신의 바람을 보여주는 것이기도 하다. 그래서 어떤 사람들은 좀 더 친근하게 인사를 나누기 위해 상대의 이름을 일부러 기억하고 불러주려고 노력한다.

소통에 장애가 생기면 사장은 쉽게 포기하거나 대충 넘어가서는 안 된다. 이럴 때일수록 당신은 직원과의 공통점을 가능한 많이 찾아내 소통의 조건을 충족시켜야 한다. 소통의 일시적 장애는 흔한 일이기 때문에 서로의 벽을 허물기 위한 소통의 기교를 터득해둘 필요가 있다. 그중 가장 빠른 해결 방법은 직원의 마음속으로 들어갈 수 있는 열쇠, 즉 공감대를 찾아내는 것이다.

자유로운 대화 속에서는 소문이나 스캔들 같은 안 좋은 정보도 들어있기 마련이다. 그러나 상호소통의 방식으로서의 대화는 긍정적인 측면이 훨씬 많다. 이런 대화를 합리적으로 이용하고 거짓을 걸러낼 수만 있다면 소통을 위해 이만한 수단이 없다.

대화는 거대한 정보망과도 같아서 조직이나 조직원과 관련된 정보가 끊임없이 전송된다. 사장이 민감하게 재빨리 포착만 할 수 있다면 유익한 정보가 그 안에 넘쳐난다. 그러므로 누군가의 마음의 문을 여는 열쇠를 찾으려면 세심한 관찰을 통해 점차 안으로 깊숙이 들어가는 분석이 필요하다. 또한 사소한 말과 행동 속에 문제의 '뿌리'가 숨어있을 수 있으니 작은 일도 소홀히 넘겨서는 안 된다.

❓ 심알못 사장을 위한 한마디

사장이 직원들과 편한 대화를 나누기 위해서는 직원과의 공감대를 찾는 일이 중요하다. 다시 말해서 쌍방의 공감 포인트를 찾아야 하는데 그 비결은 다음과 같다.

1. 비슷한 점 찾기
이 방법은 사장의 적극적인 노력이 필요하다. 어쩌면 직원은 당신과 완전히 다른 성격과 가치관을 가지고 있을 수 있다. 그럴 때 보통은 입을 다물어 대화를 이어나가기 어려워지므로, 이럴 때 비슷한 점을 찾으려는 노력이 필요한 것이다.

예를 들어 당신의 성격이 그와 다르다 해도 두 사람에게 같은 취향과 취미가 있다면 대화가 끊이지 않게 된다. 서로 간의 다른 점은 접어둔 채 가능한 비슷한 점을 찾으려 애를 쓰다보면 어느새 점점 끌리게 되고, 직원의 마음도 보다 열릴 것이다.

2. 투명도 높이기

여기서 말하는 투명도란 한 사람의 진짜 모습을 드러내는 정도다. 즉 당신이 직원과 교류할 때 가면을 쓰고 만나는지, 아니면 진실한 모습으로 만나는지를 가리킨다. 누군가와 친해지고 싶다면, 만남의 과정에서 좀 더 적극적으로 자신의 마음을 열어야 상대가 이해할 수 있는 폭이 넓어질 수 있다. 물론 솔직하고 진실한 모습 역시 때와 장소, 상황을 가려가며 이루어져야 한다. 우선 직원이 받아들일 수 있는 한도 안에서 제때 절제된 솔직함이 드러나야 한다. 그렇지 않으면 직원이 놀라 도망칠 가능성이 높다.

직원과의 거리를 좁히는
최고의 방법

 당신은 하루 종일 굳은 표정을 하고 있나요? 아니면 늘 얼굴에서 미소가
떠나지 않는 사람인가요? 많은 경영자들이 권위를 손상시키지 않기
위해 또는 리더의 카리스마를 살리기 위해 엄격하고 근엄한 표정을
짓곤 합니다. 하지만 이런 방식이 얼마나 효과가 있는지 생각해본 적이
있습니까?

티타늄 제품을 생산하는 기업이 있었다. 이 기업은 지난 몇 년 내내
생산효율이 낮았고, 이윤도 높지 않았다. 그러던 어느 날 다니엘이
사장으로 오고 나서부터 상황이 바뀌기 시작했다. 그는 회사를 일으
켜 세우는 근본적인 힘이 직원에게 있다고 생각했고, 직원의 잠재력
을 개발하는 데 주목했다.

그가 제일 먼저 한 것은 《월스트리트 저널》에서 '촌스러운 구식 조
크'라고 평했던 기업발전 계획을 버리고, 사방에 표어를 붙이는 일
이었다. 그래서 작업장 벽마다 '동료의 미소를 보고 싶으면 당신이
먼저 미소를 보여주세요', '일을 사랑해야 성공합니다'라고 쓰인 종
이를 붙였다. 게다가 그 문구 아래 '럭키(Lucky)'라고 쓰는 것도 잊

지 않았다. '럭키'는 다니엘 사장의 애칭이었다. '럭키'는 골프 카트를 타고 공장 안을 둘러보며 직원들과 인사를 나눴고, 그들과 농담을 하거나 이런 저런 이야기를 나누며 대부분의 시간을 보냈다. 그러다 보니 그는 공장 직원 2천여 명의 이름을 거의 외울 정도였다. 또한 그는 현장 노동조합과의 교류에도 많은 시간을 할애했고, 그들이 공장의 상황파악을 위해 임직원회의에 참가하도록 자리를 마련해주기도 했다.

회사의 로고 이미지는 미소 짓고 있는 얼굴을 사용했다. 회사전용 편지봉투, 편지지, 사무용품, 안전모에 이르기까지 어디에나 이 로고가 붙었다. 결국 다니엘은 사장이 된 지 3년 동안 약간의 자금투자로 회사의 생산효율을 80퍼센트 끌어올렸고, 이윤도 대폭 상승시켰다.

도대체 어떻게 이런 일이 가능했을까? 그 답은 아주 간단하다. 미소의 위력이 돈의 힘을 뛰어넘었던 것이다. 미소는 이해, 신뢰, 관심, 배려, 소통, 융화를 가능하게 만들어주었다. 특히 다니엘처럼 사장이 직접 '미소 전도사'로 나설 경우 그 파급력은 더 커질 수밖에 없다. 그는 미소를 무기로 공장 곳곳을 누비며 직원들의 생각을 살폈고, 조직의 융합을 이끌어냈다. 물론 이렇게 한다고 해서 사장과 직원이라는 상하관계가 달라지는 것은 아니다. 그러나 사장에 대한 직원들의 마음과 업무효율은 충분히 변할 수 있다. 다니엘은 사장이란 권위적인 틀 안에 자신을 가두지 않았고, 열린 마음으로 직원들과의 소통을 즐겼다. 만약 그가 권위적인 표정으로 군림하려 했다면 직원들의 미소가 회사를 밝히는 일은 절대 일어나지 않았을 것이다.

한 건설현장의 십장은 젊은 인부 몇 명과 팀을 짜서 바쁘게 공사현장을 누비고 다녔다. 그의 밑에서 일했던 사람들은 늘 분위기가 화기애애했고 서로 단합이 잘 되었다. 심지어 하루 종일 함께 붙어 일하는데도 언성을 높이며 부딪히는 일이 거의 없었다. 누군가 그 비결을 묻자 그가 이런 말을 했다.

"늘 웃으면서 일하면 절대 얼굴을 찡그릴 일이 생기지 않습니다."

이렇듯 미소를 무기로 사용하면 별도의 투자관리가 필요 없다. 미소를 짓는 일에는 인력, 물력, 재력의 투자비용이 들지 않기 때문에, 회사 입장에서는 직접적 이익을 가져다줄 수 있는 가장 효율적인 관리방식이라 할 수 있다.

> **❓ 심알못 사장을 위한 한마디**
>
> 만약 조직의 모든 관리자가 늘 웃는 얼굴로 직원들을 대할 수 있다면 상하의 벽이 사라지고 서로 융합하는 분위기를 만들 수 있을 것이다. 일단 이런 조직이 만들어지면 극복하지 못할 어려움이 없으니, 그 에너지가 바로 조직의 핵심 경쟁력이 되고 지속적인 발전을 가능하게 만든다. 그러니 그 포문을 여는 것은 최고경영자인 사장 본인이 되어야 할 것이다.
>
> 물론 우리가 말하는 그 미소는 마음에서 우러나오는 것이어야 하고, 적절한 수위와 절제가 뒷받침 되어야 한다. 그 웃음 속에 날카로운 칼을 숨기고 있어도 안 되고, 원칙 없이 남발해서도 안 된다. 가식적인 미소나 과장된 웃음은 직원들의 반감을 사기 쉽고, 도리어 나쁜 인상만 남긴 채 신뢰마저 떨어뜨린다.

사장이 알아야 할
거절의 기술

 살면서 이런 경험을 다들 한 번쯤 하게 됩니다. 분명 '노우(No)'라고 말해야 하는데 그 말이 입에서만 맴돌다 결국 입 밖으로 나오는 말은 '예스(Yes)'가 되는 경우죠. 사장은 직원 앞에서, 직원은 사장 앞에서 이런 경험을 종종 하게 됩니다. 당신은 제대로 거절하는 법을 알고 있습니까? 그리고 직원이 소신 있게 거절할 수 있는 환경을 만들고 있습니까?

우리는 늘 너무 빨리 '예스'를 말해버리는 바람에 자신을 '어쩔 수 없는' 상황 속으로 밀어넣어버린다. 심지어 자신의 원래 계획과 생각에서 벗어나 경솔하게 결정을 해버리는 바람에, 일과 생활을 피동적으로 흘러가게 만들기도 한다. 이런 상황이 계속되다 보면 부탁을 들어주거나 베푸는 즐거움이 사라지게 되고, 정상적인 인간관계조차 부담스러워진다.

그렇다면 왜 직접적으로 거절하기가 힘든 걸까? 그것은 바로 체면이 깎일까 봐 두렵고, 남에게 미움을 사고 싶지 않은 심리 때문이다. 생활과 일 속에서 좌절에 부딪히거나 뜻대로 되지 않았던 경험은 대부분 체면 때문에 거절을 못하거나, 혹은 경솔하게 타인의 요구를 들어주었다가 능력이 따라주지 않아서 벌어진다. 코미디의 거장 찰리 채플린도 이런 말을 한 적이 있다. "안 된다고 말하는 법을 배우세요! 그래야 당신의 삶이 훨씬 더 아름다워집니다."

비즈니스 세계에서 치열하게 살아가는 사람들은 특히나 더 안 된다고 말하는 데 익숙해져야 한다. 비즈니스는 전쟁과 같다. 잔혹한 승부의 세계에서 죽지 않으려면 무조건 살아남아야 한다. 이런 살벌한 전쟁터에서 오래도록 살아남아 승리의 미소를 짓고자 한다면 용맹함과 지략이 있어야 하고, 안 된다고 말하는 데 조금도 거리낌이 없어야 한다.

예를 들어 실제 업무과정에서 똑똑한 직원들은 협력업체나 고객의 요구에 맞춰 함부로 예스를 남발하지 않는다. 이럴 때 그들은 보통 이렇게 말한다. "이번에는 시간이 좀 더 걸려도 상관없습니다. 대신 상품의 품질만큼은 반드시 최고로 뽑아주셔야 합니다." 혹은 "가격이 좀 높기는 하지만 이런 합작방식이 귀사에 가장 유리합니다." 이런 식으로 그들은 거래의 순조로운 진행을 주도한다. 안 되는 부분은 안 된다고 확실히 밝히면서도 상대의 입장과 이익을 위해 생각하고 배려해서 대화를 이어간다. 아마 다음 거래에서도 상대는 그 직원의 제안에 귀를 기울일 것이고다. 이는 사장과 직원의 관계 역시 마찬가지다.

이에 경영의 신 마쓰시타 고노스케는 이런 말을 했다. "뛰어난 경영자와 평범한 경영자의 차이는 무엇일까요? 뛰어난 경영자는 설사 사장의 명령이라 해도 직원들이 소신껏 '노우'라 말할 수 있는 환경을 만들어주는 사람입니다."

여기서 말하는 노우는 단순히 거절만을 의미하는 것이 아니다. 핵심은 예의와 격식을 갖춰 노우라고 말해야 한다는 점이다.

원활한 소통은 사장과 직원이 평등하게 대화를 하기 위한 전제조건이다. 그러나 간혹 그렇게 생각하지 않는 사람들도 있다. 그들은 사장의 지시나 명령이 아무리 이치에 맞지 않아도 절대 안 된다는 말을 입 밖으로 내서는 안 되며 무조건 따라야 한다고 여긴다. 사장이 닷새는 걸려야 끝낼 수 있는 일을 사흘 안에 끝내라고 지시를 내려도, 핑계를 대거나 불가능하다고 말하는 일이 절대 없다. 그저 되든 안 되든 묵묵히 그 지시를 따른다. 어쩌면 사장은 그런 지시를 내리면서도 그것이 가능한지 확신이 없었을 수 있다. 그런 상황에서 직원 중 누구도 이의를 제기하지 않고 할 수 있다고 말한다면 자신의 생각이 맞았다고 단정짓게 된다.

직원이 밤을 새가며 최선을 다하든 말든 상관없다. 결국 백기를 들고 마감일 하루 전에 불가능하다고 말을 하면 돌아오는 답은 뻔하다. 모든 책임은 사장이 아니라 직원에게 돌아갈 수밖에 없고, 사장은 불같이 화를 내며 이렇게 소리를 지를 것이다.

"자네 입으로 끝낼 수 있다고 해놓고 지금 와서 다른 소리를 하면 어쩌자는 건가?"

이런 일이 빈번하게 발생하면 회사 입장에서도 커다란 손해가 아닐 수 없다. 그래서 심리학자들은 경영자가 직원들에게 안 된다고 말하도록 격려하는 것은 직원과의 평등한 대화의 플랫폼을 만드는 동시에 소통의 계기를 제공하는 것이라고 강조한다. 사장의 명령에 대해 쉽게 안 된다고 말할 수 있는 직원은 거의 없다. 사실 그들은 말하지 못하는 것이 아니라 감히 말을 할 수 없는 것뿐이다. 그들은 사장의 심기를 건드린 후 뒷감당을 할 자신이 없기 때문에 사장의 요구가 이치에 맞지 않아도 받아들일 수밖에 없다. 하지만 처음부터 실현 불가능한 무리한 요구라면 그 결과는 절대 사장의 기대를 만족시킬 수 없다.

직원에게 노우라고 말할 수 있도록 격려하는 것은 업무실적과 효율을 높일 뿐 아니라 그를 존중하고 함께 소통하기 위한 것이다. 그리고 이를 위해서는 경영자의 리더십과 소통능력이 뒷받침되어야 한다.

? 심알못 사장을 위한 한마디

남에게 미움을 사고 싶은 사람은 없다. 사람은 누구나 좋은 사람으로 보이기를 바라고, 체면을 깎이고 싶어 하지 않는다. 그런 심리 때문에 어떤 사장들은 직원에게 안 된다고 말하기를 힘들어하곤 하는데, 사장이라면 직원의 기분이 상하지 않게 거절할 줄도 알아야 한다. 다음은 경영자들이 참고할 만한 거절의 요령이다.

· 직원의 요구를 참을성 있게 끝까지 귀담아 들어줘야 한다. 이렇게 해야 직원의 요구사항을 온전히 이해할 수 있고, 그의 입장을 존중하는 느낌을 전달할 수 있다.

- 직원의 요구를 즉각적으로 받아들이거나 거절할 수 없다면 생각할 시간이 필요하다고 분명히 밝혀야 한다. 또한 대답을 회피한다는 느낌을 주지 않도록 언제까지 답변을 해주겠다고 확실히 알린다.
- 직원의 요구를 진지하게 고민해봤고, 그것이 그에게 얼마나 중요한 문제인지 충분히 이해하고 있다는 것을 분명히 전한다.
- 직원에게 어려운 문제가 생겼을 때 자신을 떠올려줬다는 사실에 고마움을 표시하는 것이 좋다. 하지만 그 모습이 너무 작위적이어서 거부반응이 일어나지 않도록 적정 수위를 지켜야 한다. 지나칠 정도로 미안해하면 직원은 그렇게 미안해할거면 차라리 어떻게든 부탁을 들어주는 편이 낫지 않나라고 생각할 수 있다.
- 절대 제삼자를 통해 거절의사를 전달해서는 안 된다. 이런 식의 거절은 자신의 못난 모습을 드러내고 비겁한 인상을 줄 수 있다.

직원의 실수에
대처하는 요령

 직원이 잘못을 저질렀을 때 어떤 사장은 호되게 질책을 하거나 심지어
정신이 너덜너덜해질 만큼 욕을 퍼붓기도 합니다. 그들은 이렇게 해야
일벌백계의 효과를 볼 수 있고, 기업의 기강과 관리자의 위엄이 선다고
생각합니다. 반대로 어떤 사장은 괜히 말을 꺼냈다가 회사 분위기를
망칠까 싶어 잘못을 지적할 타이밍을 놓치기도 합니다. 당신은 직원이
실수를 하거나 잘못을 저질렀을 때, 어떤 식으로 대응하는 유형입니까?

한 심리학자의 이론에 따르면, 사람은 비난의 말이 쏟아질 때 처음
몇 마디만 기억할 뿐 그 나머지는 귀에 들리지 않는다고 한다. 처음
귀에 들어온 몇 마디에 사로잡혀 반박할 거리를 찾느라 정신이 없기
때문이다.

이런 심리는 경영자와 직원의 소통 과정에서 중요한 작용을 한다.
만약 경영자가 근본적인 문제가 아닌데도 직원들의 사소한 잘못까
지 지나치게 따지고 든다면 직원의 사기와 혁신적 사고가 크게 꺾일
수 있다. 심지어 반발심까지 생겨 조직 내 갈등과 균열을 피하기 힘
들다.

경영자는 비난 역시 기교가 필요하다는 것을 인식해야 한다. 직원

이 잘못을 했을 때 가장 좋은 방법은 완곡한 비평이다. 앞서 말한 것처럼 직원은 비난을 받을 때 처음 몇 마디만을 기억할 뿐이다. 그 말에 반박할 근거를 찾거나 책임을 전가할 핑계를 고민하느라 다른 말은 귀에 들리지도 않는다. 심지어 반응이 빠르고 순발력이 뛰어난 직원들은 곧바로 반박하거나 책임을 전가하기도 한다. 그러니 이때는 누가 옳고 누가 그른지를 계속 따져봤자 별 의미가 없다. 문제가 해결되는 것도 아니고, 조직 내 갈등만 더 격화될 수 있기 때문이다.

경영자는 직원의 잘못에 관대해지는 법을 배워야 한다. 그들에게 잘못을 고칠 기회를 주고, 문제해결에 더 주목해야 한다. 이는 직원의 입장에서 생각해야 한다는 것을 의미한다. 비평을 하는 동시에 그들의 성과를 기억하고, 그들의 자존심과 자신감이 상처를 입지 않도록 주의해야 한다는 말이다.

그런 면에서 제너럴 일렉트릭과 지멘스는 둘 다 직원의 잘못에 관대한 기업으로 유명하다. 제너럴 일렉트릭의 CEO였던 잭 웰치는 이런 말을 했다. "경영자가 직원의 잘못에 지나치게 집착하면 과감한 시도를 하려고 하지 않습니다. 과감한 시도가 없다는 것은 실수보다 더 무서운 일이죠. 그들은 현실에 안주하려 들고 혁신을 위한 그 어떤 시도도 하지 않으려 할 겁니다."

잭 웰치의 이런 마인드는 제너럴 일렉트릭이 활력으로 가득 찬 기업문화를 만드는 데 크게 일조했다. 마찬가지로 지멘스 역시 직원들의 실수에 관대하다. "몇 번의 실수 끝에 성장, 발전할 수 있다면 회사로서도 가치 있는 일입니다. 한 번 실수를 하고 나면 다시 똑같은 실수를 하지 않게 되죠." 이런 이유로 지멘스는 창의적인 활동이라면 아무리 큰 실수를 해도 그 책임을 추궁하지 않는다.

경영자의 원색적인 비난과 힐책은 때로 분노 그 이상의 악순환을 가져오기도 한다. 일처리가 형편없다거나 초보적인 실수를 저질렀다고 비난을 받았을 때, 직원의 성격에 따라 그 반응이 달라질 수 있기 때문이다. 심리학자가 말하는 '자아역량(내면 깊은 곳에서 우러나오는 자신에 대한 느낌, 즉 자아가치에 대한 인정)'이 비교적 약한 사람은 원색적인 지적을 받을 때 분노, 초조, 우울 등의 다양한 감정이 생긴다. 그리고 그것은 시간이 지날수록 '학습된 무기력'으로 변하고, 자신감 상실로 이어진다.

긍정심리학의 창시자 마틴 셀리그먼은 두 그룹의 개를 이용한 실험을 통해 절망적인 생각이 형성되는 과정을 생생하게 보여주었다. 그는 한 그룹의 개를 우리 안에 가두었다. 이 우리는 개가 도망칠 수 없게 안에 전기충격 장치를 설치해두었다. 전기충격의 강도는 상처를 입히지 않고 고통을 주는 정도로 조절되었다. 이 개는 처음 전기충격을 당하자 발버둥을 치고 거칠게 행동하며 우리에서 빠져나오려고 했다. 하지만 몇 번이나 애를 써도 도망칠 수 없자 발버둥치는 강도도 서서히 약해져갔다.

뒤이어 이 그룹의 개를 다른 우리에 집어넣었다. 이 우리는 중간에 패널을 세워 공간을 나누었다. 패널의 높이는 개가 가볍게 넘을 수 있는 정도였다. 패널로 나뉜 한 쪽은 전기장치가 있고, 다른 한쪽은 전기장치를 설치하지 않았다. 위의 실험을 거친 개는 이 우리에 들어가자 공포와 두려움을 느끼는가 싶더니 계속 바닥에 엎드린 채 무기력하게 전기충격을 견디고 있었다. 옆 공간으로 쉽게 도망칠 수 있는 환경이었지만 전혀 시도조차 하지 못했다.

이때 셀리그먼은 첫 번째 실험을 거치지 않은 또 다른 그룹의 개를 두 번째 우리에 집어넣었다. 그러자 이 그룹은 전기충격을 피해 재빨리 전기가 흐르지 않는 안전한 공간으로 도망을 쳤다. 셀리그먼은 이런 현상을 '학습된 무기력'이라고 불렀고, 이 실험의 결과는 심리학계에 큰 파장을 불러 일으켰다.

사람을 상대로 한 실험에서도 비슷한 결과가 나왔다. 즉 한 가지 일에서 계속 실패를 반복하다 보면 그 일에 대해 더 이상 노력을 하지 않게 된다는 것이다. 그러나 모든 실패가 '학습된 무기력'을 초래하는 것은 결코 아니다. 사람들이 실패의 원인을 자신의 능력으로 절대 바꿀 수 없는 것으로 인식했을 때에, 비로소 이런 '학습된 무기력'이 나타났다. 일명 '자포자기' 상태에 빠지는 것이다. 그러니 비평을 통해 직원의 개선을 바란다면 머리를 써야 한다. 단순하고 직설적이며 거친 비난은 직원의 반발 심리를 더 부추길 뿐이며, 업무를 개선하는 데 아무런 도움도 되지 않는다.

❓ 심알못 사장을 위한 한마디

그렇다면 경영자는 직원들의 잘못을 모두 눈감아줘야 하는 걸까? 당연히 아니다. 직원이 실수를 하면 꾸짖어야 마땅하다. 다만 이것은 원칙과 기술이 필요하기 때문에 다음과 같은 방법을 꼭 염두에 둬야 한다.

- 작은 실수는 꾸짖되 큰 실수에 대해서는 관용을 베풀어야 한다. 고노스케가 이런 말을 했다. "작은 실수를 저질렀을 때 대부분의 사람이 그것을 별것 아니라고 생각하는 경향이 강합니다. 그런데 경각심을 불러일으키기 위해서라도 이럴 때는 엄하게 꾸짖어야 합니다. 작은 실수가 없어지면 큰 실수를 저지를 확률도 크게 줄어들게 됩니다."
- 질책과 비평은 다른 사람 앞이 아니라 일대일로 진행되어야 한다. 그렇게 하지 않으면 직원은 자존심에 상처를 입게 되고, 도리어 더 나쁜 결과로 이어질 수 있다. 성공한 경영자들의 면면을 살펴보면 그들은 직원의 잘못에 어떻게 대처해야 하는지 잘 알고 있었다. 예를 들면 그들은 반드시 개인적으로 문제를 제기한다. 이렇게 해야만 직원의 체면을 세워주고, 그에게 잘못을 고칠 기회를 줄 수 있다.
- 한 가지 잘못을 반복해서 지적하는 것은 금물이다. 어떤 경영자는 앵무새처럼 지난 잘못을 계속 들춰내 직원의 인내심을 시험하는 경우가 있다. 하지만 적정 수위를 넘게 되면 직원은 자신을 괴롭히기 위해 그러는 거라고 단정지으며 반감과 증오로 이어지게 된다.
- 직원에 대한 비평은 제때 이루어져야 한다. 일이 일어난 후 한참이 지나도록 아무 말 없다가 갑자기 그때 일을 끄집어내 질책을 한다면 황당하고 뒤끝이 길다고 느낄 수밖에 없다. 잘못을 발견했을 때 가능한 빨리 지적을 해야 하고, 바쁘다는 핑계로 차일피일 미루다 뜬금없이 그 일을 꺼내는 식의 비평은 피해야 한다. 이렇게 잠시 접어두었다가 때를 기다려 결판을 보겠다는 식의 비평은 반드시 직원의 불만으로 이어진다.

직원은 이미 그 일에 대해 반성과 마음의 정리를 끝낸 상태이기 때문에 경영자가 다시 그 일을 끄집어내는 순간 괜한 트집을 잡거나, 별것 아닌 일로 계속 약점이 잡힌 것처럼 느낄 것이다.

· 직원을 비평하려면 뒷마무리가 잘 되어야 한다. 경영관리에 뛰어난 능력자는 직원을 호되게 질책한 후 바로 위로 혹은 격려의 말을 덧붙일 줄 안다. 질책을 받은 직원이라면 누구나 의기소침해지고 자신감이 없어져 '이 회사에서 승진하기는 이제 글렀어'라는 생각이 저절로 들 수밖에 없기 때문이다. 그래서 직원을 비평한 후에는 위로를 건네고, 뒤처리를 제대로 해야 한다.

· 비평할 때는 인신공격을 피하고 철저히 일에 대해서만 해야 한다. 경영자의 질책과 처벌이 일에 대한 정당한 처벌이자 결정이라는 것을 이해시켜야 한다. 경영자는 소통을 통해 모든 처벌이 부서의 이익과 발전을 위한 결정이며, 고의로 감정을 상하게 하거나, 인격을 모독하기 위해서가 아니라는 것을 적극적으로 알려 오해를 피해야 한다.

직원은 언제나
칭찬에 목마르다

 사람들은 대개 남에게 칭찬을 듣기만 바랄 뿐 타인을 칭찬하는 일에는
인색합니다. 경영자로서 당신은 늘 칭찬을 아끼지 않는 타입입니까? 때로
어떤 사장은 칭찬의 긍정적인 작용을 너무 맹신해서 오히려 역효과를
내는 경우도 있습니다. 당신은 어떻게 칭찬을 해야 최고의 효과를 거둘 수
있는지 알고 있습니까?

심리학자 헌록이 이런 실험을 진행했다. 그는 피실험자를 4개 팀으
로 나눠 각기 다른 상황을 적용했다. 첫 번째 팀은 일이 끝날 때마다
칭찬과 격려를 받았다. 두 번째 팀은 일이 끝날 때마다 늘 비난과 질
책을 받았다. 세 번째 팀은 아무 관심도 받지 못한 채 앞의 두 팀이
칭찬과 비난 받는 소리를 묵묵히 듣고 있었다. 네 번째 팀은 다른 세
팀과 격리되어 통제를 받았고 평가도 받지 않았다. 실험 결과, 앞의
세 팀 성적이 마지막 팀보다 모두 우수했다. 칭찬을 받은 팀과 질책
을 받은 팀의 성적은 무관심 속에 일했던 팀보다 눈에 띄게 좋았다.
게다가 칭찬 팀의 성적은 계속해서 올라갔다. 이 실험결과를 보면
일의 성과에 대해 제때 평가를 해주면 동기부여가 되며 일의 추진력

이 생기게 된다는 것을 알 수 있다. 적절한 칭찬의 효과는 비난과 질책보다 훨씬 긍정적이었다. 또한 비난과 질책은 아무런 평가도 하지 않는 것보다 나은 결과를 보여주었다.

서커스단의 동물조련사 피터 버러도 비슷한 동물 실험을 한 적이 있다. 그는 강아지가 훈련시킨 동작을 제대로 못하면 호되게 혼내고, 실수를 하면 혼이 난다는 것을 강렬하게 기억시켰다. 그리고 훈련시킨 동작을 제대로 했을 때는 전혀 혼을 내지 않았다. 그리고 다른 강아지에게는 특정한 동작을 제대로 했을 때 습득 속도가 좀 늦더라도 칭찬을 하며 간식을 주거나 놀아주며 보상을 해주었다. 2가지 훈련 방식을 비교한 결과 피터 버러는 후자가 전자보다 훨씬 효과적이라는 것을 알 수 있었다. 칭찬과 보상을 받은 강아지는 훈련 동작을 빠르게 습득하며 조련사의 지시에 잘 따랐다. 그래서 그는 후자의 방법으로 공연에 쓰일 다양한 재주를 효과적으로 훈련시킬 수 있었다. 물론 그가 쓴 이 방법은 예전부터 동물을 길들이고 재주를 가르치려던 사람들이 사용해왔던 것이기도 하다.

훗날 많은 심리학자들이 비슷한 방식으로 동물 실험을 진행해, 잘하면 보상을 해주고 못하면 벌을 주었다. 여기서도 모든 실험에서 보상이 징벌보다 훨씬 긍정적인 효과를 가져왔다. 똑같은 방법을 인간관계에 대입시켜도 결과는 유사했다.

사람은 누구나 태어난 그 순간부터 타인의 칭찬을 갈구하고, 비난과 질책을 두려워한다. 심리학자이자 철학자인 윌리엄 제임스는 '인간의 가장 뿌리 깊은 본능은 바로 누군가로부터 간절히 인정받고 싶어 한다는 것이다'라고 말했다. 인간관계 전문가 데일 카네기는 '누군가에게 인정을 받으면 자신이 가치 있고 중요하다고 느껴진다. 이것이 바로 사람이 짐승과 다른 중요한 특징이다'라고 했다. 만약 인류의 선조에게 이런 욕구가 없었다면 인류의 문명은 여전히 제자리만 걷고 있었을 것이다.

칭찬의 힘은 기적처럼 많은 사람의 운명을 바꿔놓기도 한다. 스티브 모리스는 눈이 전혀 안 보이는 아이였다. 대신 태어날 때부터 청각이 예민했다. 하루는 학교 실험실에서 쥐가 도망쳤는데 순식간에 아수라장이 된 탓에 어디로 갔는지 찾을 수가 없었다. 그때 선생님이 스티브에게 "자, 다들 조용히 하고 스티브한테 도와달라고 해보자. 스티브, 너는 볼 수 없는 대신 우리보다 소리에 예민하지? 그러니 잘 들어보고 도망친 쥐가 어디에 있는지 알려줄 수 있겠니?" 자신의 능력을 알아봐준 선생님의 그 말은 스티브의 인생을 새롭게 여는 계기가 되었다. 1970년대 그는 '스티비 원더'라는 이름으로 유명해졌고, 눈은 보이지 않았지만 주옥 같은 노래를 작곡해 세계인의 사랑을 받았다.

타인을 칭찬할 줄 아는 것은 자신의 앞날을 위해 다리를 놓고 길을 닦는 것과 같다. 성공은 매일 누군가를 칭찬하는 일에서부터 시작된다는 말도 있다. 칭찬의 형식은 다양하다. 여럿이 있을 때 하기도 하고, 일대일로 하기도 하고, 제삼자를 통해 전달하기도 한다. 다양한 형식으로 칭찬의 내용이나 범위를 확대해나가면 더 강력한 효과를 발휘할 수도 있다.

이는 심리학에서 말하는 '비눗물효과'와도 연결이 된다. 비눗물효과란 타인을 비평하기 전에 긍정적인 말과 칭찬으로 비평의 부정적 효과를 줄이고, 열린 마음으로 그 비평을 받아들이도록 만드는 것을 가리킨다.

미국 제30대 대통령으로 당선된 캘빈 쿨리지의 사무실에는 아주 아름다운 비서가 있었다. 그런데 그녀는 덤벙대고 늘 실수가 잦았다. 어느 날 아침, 쿨리지는 비서와 함께 엘리베이터를 탔을 때 그녀에게 오늘 입은 옷이 그녀의 외모만큼이나 예쁘고 깔끔하게 잘 어울린다고 칭찬을 해주었다. 그녀가 기뻐하자 뒤이어 그녀가 업무처리도 이렇게 깔끔하게 할 거라고 믿는다며 한껏 치켜세워주었다. 과연 그날 이후 여비서는 업무를 처리할 때 실수를 거의 하지 않았다.

쿨리지의 친한 친구가 이 일을 알게 된 후 흥미로운 듯 그에게 물었다.

"완전 끝내주는 방법이더군. 도대체 어떻게 그런 방법을 생각해낸 건가?"

쿨리지는 별거 아니라는 듯 어깨를 으쓱해 보이며 말했다.

"별것 아니네. 아침에 일어나 수염을 밀 때 턱에 비눗물을 바르는 이유가 뭐겠는가? 바로 면도기로 밀 때 통증을 덜기 위해서지."

비눗물효과는 이렇게 탄생했고, 그 후 널리 응용되었다. 이렇게 칭찬은 촉매작용도 한다. 한 번 칭찬을 들은 직원은 다시 칭찬을 받고 싶은 욕구가 생기고, 그런 심리가 일을 더 잘하고 싶은 동기를 부여한다. 그 까닭에 우연히 했던 한 번의 행동이 지속적인 행동으로 바뀔 수 있다.

아주 사소한 부분을 포함해서 자신의 장점이나 특기가 무엇인지 알아채지 못하는 사람들이 의외로 많다. 어쩌면 그들의 장점과 특기는 아직 싹을 틔우는 단계에 있는지도 모른다. 그래서 경영자는 그런 부분을 알아보는 눈을 가지고 있어야 한다. 그리고 그것을 발견한 순간 바로 칭찬과 격려를 해서 그 싹이 무럭무럭 자라나도록 만들어줘야 한다. 여러 차례 반복되는 칭찬과 격려를 거치면, 외재적 행위는 점차 내재적 자질로 변하며 지속성을 갖게 된다.

❓ 심알못 사장을 위한 한마디

칭찬을 아끼지 않는 경영자는 말 한마디로도 직원의 마음을 얻을 수 있다. 다만 칭찬을 할 때도 요령이 있다.

① 직원의 장점을 발굴해 칭찬하기
누군가는 '이 세상에 쓰레기는 없다. 다만 잘못된 위치에 놓인 보물만 있을 뿐이다'라고 말했다. 사람의 장단점을 논할 때도 크게 다르지 않다. 다시 말해서 남들이 결점이라고 보는 부분이 실제로는 장점이 될 수 있다. 예를 들어 사소한 일까지 꼼꼼히 따지는 성격이 누군가에게는 결점으로 보일 수 있지만, 그의 그런 성격은 관리 업무에 더할 나위 없이 적합하다.

② 일률적인 칭찬을 피하기
칭찬을 할 때 천편일률적이거나 평균주의를 적용해서는 안 된다. 그런데 이 원칙을 제대로 알고 지키는 경영자가 그리 많지 않은 것이 문제다. 직원에 대한 평가가 지나치게 느슨하고 포상을 무분별하게 남발한다면, 우수한 직원이 두각을 나타내기 힘들다.

③ 칭찬의 타이밍 맞추기

칭찬의 타이밍을 맞추는 일은 직원의 행위를 제때 인정해주는 것을 가리킨다. 이것은 직원의 좋은 행위를 강화하고, 그것이 지속적으로 발전하는 데 도움이 된다. 시간이 한참 흐르고 상황이 변한 뒤에 칭찬을 하게 되면 직원도 황당하고 좋은 인상을 받기 힘들다.

④ 공정하고 공개적인 칭찬하기

경영자의 칭찬은 직원에게 상을 주는 것으로 가시화된다. 그래서 이 칭찬은 공개적이고 공정해야 한다. 만약 그 처리가 공평하지 못하면 직원들의 신뢰를 얻을 수 없다. 사실에 근거한 공평무사한 처리야말로 칭찬의 가장 기본적인 원칙이다. 불공정한 칭찬은 긍정적인 촉진제 작용을 할 수 없고, 도리어 일에 대한 동력을 심각하게 떨어뜨린다. 심지어 반발심리를 야기할 수 있다.

격장법을 쓸 때
반드시 지켜야 할 3가지 원칙

소설『삼국지연의』의 제갈량은 인재를 등용하여 일을 맡길 때, 격장법(激將法)을 자주 사용했습니다. 격장법이란 일부러 자극적인 말이나 반어법을 사용해서 상대의 의욕을 높이고 자신이 원하는 방향으로 움직이게 만드는 전략이죠. 사장이 격장법을 제대로 쓸 수 있다면 예상치 못한 효과를 거둘 수 있습니다. 그렇다면 격장법을 어떻게 써야 할까요?

1985년의 어느 날, 한 젊은이가 미국 금전등록기제조업체 NCR에 취직을 하기 위해 찾아왔다가 전설적인 영업왕이었던 존 패터슨과 마주쳤다. 그는 용기를 내서 존 패터슨에게 자신을 소개했다.

"세일즈맨이 되고 싶습니다."

"그럼 한 번 해보게."

존 패터슨의 대답은 간단명료했다.

젊은이는 2주가 지나도록 거리 곳곳을 누비며 세일즈를 했지만 금전등록기를 단 한 대도 팔지 못했다. 그는 존 패터슨의 사무실로 찾아가 선배로서 가르침을 달라고 간절히 부탁했다.

"자네가 세일즈를 할 주제가 못 된다는 걸 내 진즉에 알아봤네. 거기 멍청하게 서 있지 말고 당장 이 사무실에서 꺼져버리게! 자네 같은 사람은 시골로 내려가서 농사나 지으며 사는 게 딱이야!"

존 패터슨은 한바탕 욕을 퍼부었다. 덩치가 산만했던 이 젊은이는 어디 쥐구멍에라도 숨고 싶은 심정이었다. 하지만 그는 그 자리에 장승처럼 서서 상대가 퍼부어대는 비난을 묵묵히 가슴에 새겨들었다.

그렇게 한참이 흐르고 나자 존 패터슨은 갑자기 온화한 목소리로 그에게 충고를 해주었다.

"너무 조급해하지 말게. 자네가 왜 금전등록기를 한 대도 못 팔았는지 나와 함께 그 이유를 찾아볼 텐가?"

존 패터슨은 마치 전혀 다른 사람이라도 된 것처럼 젊은이를 대하며 그에게 앉으라고 권했다.

"세일즈는 가볍게 생각하고 덤벼들 만한 일이 절대 아니라는 걸 꼭 명심하게. 소매업자들은 금전등록기가 필요하면 알아서 사면 그만이니 굳이 수고롭게 세일즈맨까지 부를 이유가 없네. 세일즈는 아주 심오한 학문이지. 이렇게 해보세. 다음에 내가 자네와 함께 세일즈를 나가주겠네. 만약 우리 두 사람이 금전등록기를 한 대도 팔지 못하면 둘 다 이 일을 집어치워야겠지!"

존 패터슨은 빈말을 하지 않았다. 며칠이 지난 후 그는 약속대로 젊은이를 데리고 거리로 나섰다. 젊은이는 이 귀중한 기회가 마치 꿈만 같았다. 그는 눈앞에서 순식간에 이뤄지는 거래를 지켜보며 벌어진 입을 다물지 못했다. 그제야 젊은이는 존 패터슨이 그날 그를 왜 그렇게 호되게 대했는지 깨닫게 되었다. 존 패터슨은 그를 진짜 무시해서 면박을 준 것도 아니었고, 전날 부부싸움을 해서 그에게 화풀이를 한 것도 아니었다. 그것은 바로 세일즈맨을 단련시키는 그만의 훈련방식이었다. 존 패터슨은 상대의 열정을 바닥에서부터 끌어올리고, 그의 잠재능력과 지혜를 끌어내기 위해 먼저 상대의 자존심을 철저히 무너뜨린 후 어떻게 해야 하는지를 알려주었던 것이다.

사실 직원 중에는 능력을 충분히 갖추고도 자신감이 부족해 문제가 되는 경우가 있다. 이럴 때는 격장법이 확실한 효력을 발휘한다. 사람은 누구나 청개구리 심보를 가지고 있다. 남이 하지 말라고 하면 기어코 해야 직성이 풀리는 심리 말이다. 특히 분위기가 격해진 상황에서 승부욕이 강하고 성질이 급한 사람에게 격장법을 쓰면 훨씬 긍정적인 효과를 낼 수 있다. 다만 격장법을 사용할 때 조절을 제대로 하지 못하면 도리어 부작용이 생길 수 있다.

격장법을 사용하기 위해서는 다음과 같은 3가지 원칙을 반드시 지켜야 한다. 우선 사람에 따라 달리 사용해야 한다. 즉 직원의 성격과 특징을 고려해 개인별 맞춤형 격장법을 써야 한다는 말이다. 이는 소통의 가장 기본적인 원칙이기도 하다. 업무에 관한 이야기를 할 때도 핵심만 일목요연하게 말하는 것을 좋아하는 사람이 있는 반면, 사담으로 친목을 어느 정도 다진 후 업무 이야기를 풀어나가는 것을 선호하는 사람이 있다. 마찬가지로 격장법이 잘 통하는 사람이 있고, 오히려 자신이 무시당했다고 느껴 반발심만 커지는 경우도 있다. 그러니 격장법이 통하는 상대인가 아닌가에 대한 파악이 우선이다.

두 번째, 시기를 정확히 간파해 사용해야 한다. 만약 너무 앞서거나 제대로 무르익지 않은 상태라면 상대의 자신감에 심각한 타격만 입힌 채 도리어 기를 더 죽일 수 있다. 반대로 '뒷북'을 치게 되면 원하는 효과를 절대 거둘 수 없다.

세 번째, 언어의 수위를 잘 조절해야 한다. 격장법은 결국 말로 이루어지는 것이기 때문에, 이도 저도 아닌 말은 전혀 효과를 볼 수 없고, 지나치게 날카로운 말은 도리어 상대방의 반감을 초래할 수 있다. 그래서 이 방법을 쓸 때는 조절이 필요하다.

> ### ❓ 심알못 사장을 위한 한마디
>
> 사람은 누구나 자신의 능력에 걸맞은 일을 하고 싶어한다. 다만 자신감이 부족해 자신의 능력치를 낮게 잡거나 할 수 없다고 믿는 마음이 발목을 잡을 뿐이다. 이럴 때 사장이 적절한 격장법으로 자극을 준다면, 직원은 성취욕을 불태우며 변화와 발전을 위해 도전하는 마음가짐을 가질 수 있게 된다.
> 이런 상황은 마치 눈앞에 건너뛰어야 할 도랑을 두고 스스로 건널 수 없다고 단정짓는 것과도 같다. 하지만 몇 발자국 뒤로 물러나 앞으로 돌진해 뛰어오르면 누구라도 충분히 그 도랑을 건널 수 있다. 심리학에서 이것을 '도움닫기효과'라고 부른다. 사장은 직원의 이런 심리에 근거해 그들의 성취욕을 끌어내줄 수 있는 발판으로서의 역할을 게을리 해서는 안 된다. 이것이 바로 사장의 소통법이 다방면으로 이루어져야 하는 이유다.

격려는 자기만족이
되어선 안 된다

격려는 조직의 생명을 유지하는 데 꼭 필요한 양분입니다. 격려는 주로
사장이 임직원에게, 상사가 부하에게, 팀장이 팀원에게, 선배가 후배에게,
동료가 동료에게 전달하는 방식으로 이루어지죠. 어찌보면 권력을 가진
사람으로부터 일방향으로 내려오는 경우가 많기 때문에, 회사 내 적정선을
만드는 것은 중요한 문제입니다. 그렇다면 언제 격려를 해야 최고의
효과를 볼 수 있을까요?

기업 내에 격려가 없다면 그 조직은 살아남기 힘들고, 격려가 너무
과해도 지탱하기 힘들어진다. 어떤 사람은 격려가 많을수록 더 건
강한 조직문화가 만들어진다고 여기지만, 반드시 그런 것도 아니다.
지나침은 모자람만 못하다는 말처럼 격려 역시 예외가 아니다.

직원을 격려할 때는 그들의 적극성을 끌어낼 뿐 아니라 생각, 욕
구, 성격도 고려해야 하며 격려의 궤도에서 벗어나면 절대 안 된다.
어떤 사장들은 본인의 생각을 우선시한다. 그들이 생각하는 격려는
자신이 생각하는 것을 직원에게 주고, 직원은 그저 받는 존재일 뿐
이다.

사장이 이 문제에 대해 철저히 고민하지 않으면 격려 역시 제대로

기능하지 못한다. 그렇다면 격려는 왜 직원을 만족시켜야 할까? 사실 그 이치는 간단하다. 격려의 '수혜자'가 바로 직원이기 때문이다. '시혜자'의 선물이 직원이 원했던 것이 아니거나 기대 이하라면, 당연히 감사한 마음을 갖기 힘들다. 그런데도 시혜자는 오로지 자기만족에 빠져 격려가 완벽하게 마무리되었다고 생각한다. 이런 식의 격려는 예상했던 효과를 거둘 수 없고, 도리어 둘 사이의 갈등만 키울 뿐이다.

경영자가 격려를 할 때는 단순히 위로와 임금인상만 생각할 게 아니라 존중과 관심이 병행되어야 한다. 미국 경영학자 더글라스 맥그리거는 인간의 행동을 관찰한 후 X이론과 Y이론을 발표했는데, 이를 통해 비즈니스 과정에서 통제와 영향력을 행사해 상대를 움직이려고 하면 절대 안 된다고 강조한 바 있다. 하지만 경영자들은 그의 말을 인정하면서도 여전히 제멋대로 조직을 움직이고, 직원을 함부로 대한다.

실제로 이런 문제는 직원의 욕구를 만족시켰는지 여부에 대해 주목하지 않기 때문에 일어난다. 직원은 자신의 욕구가 충족되었을 때 동기부여가 되고, 노력이 인정받았다는 것에 기뻐하며 더 열정적으로 회사를 위해 일한다. 그런데 이때 사장의 격려가 본인 만족에 그친다면 직원은 황당하고 화가 날 것이다. 이런 격려는 아무 의미가 없다.

심지어 어떤 경영자는 격려의 효과를 높이려면 무조건 요란하고 공개적으로 해야 한다고 잘못 오해하고 있다. 사실 격려가 꼭 이래야 하는 것은 아니다. 직원이 전혀 예상하지 못한 시점에 경영자가 미소를 짓고 그의 어깨를 두드리며 진심어린 말을 전하는 것으로도 충분할 때가 있다.

사실 이것은 아주 실용적인 격려 수단이라 할 수 있고, 실제로 가장 많이 쓰이기도 한다.

④ 공평성

불공평한 대우는 사람의 심리를 긴장과 불안으로 몰고 가고, 행동에 엄청난 영향을 미친다. 그래서 격려를 할 때는 가능한 공평하고 합리적이어야 한다. 평균주의 혹은 업적이나 능력과 상관없는 획일화된 대우는 도리어 해로 작용할 위험이 크다.

⑤ 지속성

사장의 장기적인 격려계획에 따라 기업내부 활력의 지속성 여부가 결정된다. 직원들이 적극적으로 능력을 발휘하고 자기계발에 집중하도록 만들려면, 장기적인 격려계획을 세우고 그 내용을 조정할 수 있어야 한다. 어떤 경영자는 '휘몰아치기' 격려에 능하다. 하지만 이런 격려방식은 한바탕 회오리바람이 지나가고 나면 모든 의욕과 능력이 급격히 하락하는 현상으로 이어진다.

⑥ 피드백

경영자는 격려의 효율성을 따져 제때 상응하는 조율을 해야 한다. 그러기 위해서는 직원들의 피드백에 늘 귀를 기울이고 융통성을 발휘해야 한다.

PSYCHOLOGY FOR THE BOSS

사장이 의사결정할 때
알아야할 심리학

사장이 사장이라 힘든 가장 큰 이유는 최종의사결정권자이기 때문이다. 작게는 회사 내 자잘한 문제부터 크게는 회사의 존망을 가를 중대한 이슈까지, 결국 모든 것은 사장의 손에 의해 판가름이 날 수밖에 없다.

결정에 대한 심리적 압박과 스트레스에 적절히 대처하고 합리적인 프로세스를 통해 의사결정을 하는 것은 기업의 경영관리 과정에서 매우 중요한 활동이다. 이에 이 장에서는 무엇을 어떻게 선택해야 하는지, 선택이 어려운 이유는 무엇인지, 어떻게 선택을 행동으로 옮길 수 있는지 등 사장이 꼭 알아야 할 결정 심리학의 핵심을 정리했다.

"난 방금 UFO를 본 것 같애!"

"왜 다들 하늘을 보지?"

"저기에 뭐가 있나?"

깨진 유리창은
최대한 빨리 고쳐야 한다

 회사에는 크고 작은 여러 규칙들이 존재합니다. 하지만 누구나 이 규칙들을 잘 따르고 지키는 것은 아니죠. 대개 사소하게 보이는 규칙일수록 무너지기 쉽습니다. 작은 잘못들을 일일이 질책한다면 직원의 반감을 살 것 같고, 그대로 두자니 너무 해이해지는 것 같고…. 이런 딜레마 속에서 사장은 어떤 결정을 내려야 할까요?

정치학자 제임스 윌슨과 범죄학자 조지 켈링은 연구 끝에 '깨진 유리창 이론(Broken Windows Theory)'을 발표했다. 이 이론에 따르면, 어떤 사람이 건물의 깨진 유리창을 제때 수리하지 않고 방치하면, 나머지 멀쩡한 유리창마저 깨뜨려도 된다는 암묵적 신호로 받아들여져, 그 건물이 순식간에 엉망진창으로 변해버린다. 이런 식으로 무질서와 범죄의 싹이 트고 나면, 그 지점을 중심으로 범죄가 확산되기 시작한다는 게 주요 내용이다.

사람들은 완벽한 물건일수록 더 애지중지하며 지키려 하고, 그것이 망가지는 것을 원하지 않는다. 그러나 이미 망가진 물건에 대해서는 그것이 어떻게 되든 더 이상 신경 쓰지 않는다. 흠이 있는 물건에 더 큰 흠이 생긴다고 해서 크게 문제 될 것이 없다고 생각하는 것이다.

이 이론을 바탕으로 한 도시에서 유사한 실험을 한 적이 있었다. 먼저 어떤 거리에 생활 쓰레기를 버리자 며칠 후 그곳은 온통 쓰레기 천지로 변했고, 쓰레기 냄새가 진동을 했다. 또 다른 거리는 아주 깨끗하게 청소를 하며 며칠 동안 그 상태를 유지했다. 그러자 거리에 쓰레기가 생길 때마다 누군가 그것을 주워 휴지통에 대신 버렸다. 쓰레기를 함부로 버리는 사람이 나타나면 누군가가 그 사람을 제지하기도 했다. 이를 통해 우리는 하나의 이치를 깨달을 수 있다. 환경은 강렬한 암시와 유도의 힘을 가지고 있다. 다시 말해서 안 좋은 현상은 일종의 정보를 전달하게 되고, 이 정보는 더 안 좋은 현상의 무한한 확장을 초래할 수 있다.

규칙을 위반하는 행위는 질서의 보호와 유지를 깨뜨릴 수 있다. 설사 그것이 우연이고, 개별적이고, 미미하다 해도 그 결과는 마찬가지다. 만약 이런 행위를 모른 체하고 제때 바로잡지 못하면 '망가뜨려도 상관없다'는 정보가 전달된다. 이 정보는 더 많은 사람이 '더 많은 유리창을 깨러 가도록' 허용하는 결과를 낳는다.

일상 속에서 우리는 깨진 유리창 이론의 실례를 자주 볼 수 있다. 인테리어가 깔끔하고 깨끗한 5성급 호텔에서 사람들은 소리를 지르며 떠들거나 침을 뱉는 짓을 감히 하지 못한다. 그러나 주변 환경이 너저분하고 더러운 뒷골목 숙박시설에 가보면 아무 데다 침을 뱉고 소리를 지르며 시끄럽게 떠드는 행동을 곧잘 볼 수 있다. 질서정연한 버스정류장에서는 함부로 새치기를 하는 사람을 거의 볼 수 없다. 반면에 차량이 정류장에 들어와 완전히 정차하기도 전에 누군가 이리 저리 밀치며 얌체처럼 앞으로 먼저 나가려고 하면 질서는 금세 무너진다. 결국 그런 행동 때문에 자신뿐 아니라 타인의 시간마저 지체된다.

기업 관리 과정에서도 깨진 유리창 이론은 거울로 삼아야 할 만큼 중요한 의미를 지닌다. 한때 일본에서는 품질관리를 위해 '레드카드 작전'이 벌어진 적이 있었다. 그 주요 내용은 다음과 같다.

- 정리: 필요한 것과 그렇지 않은 것을 확실히 구분하고, 개선이 필요한 물건을 찾아낸다.
- 정돈: 필요 없는 것에 레드카드를 붙인다.
- 청소: 기름때가 있고 청결하지 못한 설비, 지저분한 사무실 사각지대, 사무실과 생산현장에 있으면 안 되는 물건에 레드카드를 붙인다.
- 청결: 레드카드의 수를 줄인다.
- 암시: 누군가 레드카드의 수를 계속 늘리면 또 다른 누군가는 레드카드를 줄이기 위해 노력한다.

레드카드의 목적은 작업현장의 청결을 유지하고, 쾌적한 환경 속에서 규칙을 지키며, 일에 전념하도록 만드는 것이었다. 시행 초기에는 많은 사람들이 너무 간단하고 사소한 일이라 별로 큰 의미가 없을 거라고 여겼다. 그러나 결과적으로 볼 때 생산현장의 청결은 제품의 품질보장여부에 중요한 지표가 되었다. 이것은 깨진 유리창 이론의 비교적 직관적인 표본이라 할 수 있다.

여기서 경영자가 반드시 견지해야 할 원칙이 있다. 회사 내에서 발생한 작은 잘못들에 대해 너그러이 넘어가는 관용을 베풀어야 할 때가 분명 있다. 하지만 이 잘못이 깨진 유리창이 될 것 같다면, 특히 기업의 핵심가치관에 저촉되는 잘못이라면, 아무리 작은 문제라도 지나치다 싶을 만큼 크게 문제 삼아 단호히 처벌해야 한다.

한 제조회사는 사람 중심의 경영이념을 바탕으로 직원을 대우했고, 그 덕에 직원들의 이직률이 낮기로 업계에서 입소문이 자자했다.

불볕더위가 기승을 부리던 한여름 오전 작업시간이었다. 이 회사에서 일한 지 오래된 숙련공 토마스는 점심 휴식시간 전까지 하루 작업량 중 3분의 2를 서둘러 끝마치기 위해 절단기 앞에서 부지런히 작업에 몰두했다. 그러다 그는 절단 칼날 앞에 설치된 보호 칸막이를 빼내고 일의 속도를 붙였다. 이 보호막을 없애자 가공한 부품을 수거하기 훨씬 편해졌고 시간도 절약되었다.

사실 토마스가 이런 식으로 일한 것이 이번이 처음은 아니었다. 지난 수년 동안 해오던 일이고, 경험도 풍부하니 전혀 문제될 것이 없다고 생각했다. 토마스는 안전 보호막이 없는 상태에서 1시간이 넘도록 작업을 했다. 그런데 그의 이런 행동은 때마침 작업장을 돌아보던 사장의 눈에 띄고 말았다. 사장은 그에게 다가가 불같이 화를 냈고, 궁지에 몰린 토마스는 어떻게든 변명을 해보려 애를 썼다. 그러나 사장은 그에게 변명할 기회조차 주지 않은 채 당장 보호막을 다시 설치하라고 고함을 질렀다. 그는 노발대발 화를 내며 그의 잘못을 지적했고, 토마스가 오전 내내 만든 부품을 모두 폐기처분하라고 소리쳤다.

토마스는 이 일이 이렇게 마무리되었다고 생각하며 안도의 한숨을 내쉬었다. 그러나 다음날 출근과 동시에 인사팀에서 찾아와 그를 사장실로 데리고 갔다. 그곳은 토마스가 지난 수년 동안 이 회사에서 일하면서 격려와 표창을 받을 때마다 왔던 곳이었다. 그런데 오늘 그는 바로 이곳에서 해고 통보를 받아야 했다. 사장이 그에게 말했다.

"회사를 위해 오랜 세월을 함께한 직원이라면 안전이 얼마나 중요한지 누구보다 잘 알 거라고 보네. 어제 자네가 작업량을 맞추지 못해 회사에 손해를 입혔다면 다른 사람들을 동원해서라도 손해를 메웠을 테지. 하지만 자네가 사고를 당해 다치거나 죽기라도 하면 회사는 그 어떤 것으로도 자네를 원래 모습으로 돌려놓을 수가 없을 거네."

"앞으로는 절대 이런 실수를 저지르지 않겠습니다. 지난 몇 년 동안 회사를 위해 열심히 일하며 사장님께 표창도 받았던 제가 아닙니까? 그때를 생각해서라도 다시 한 번만 기회를 주시면⋯."

토마스는 지푸라기라도 잡는 심정으로 그에게 매달려보았다.

하지만 사장은 그의 부탁을 차갑게 외면했다.

"내가 이번 실수를 그냥 넘긴다 해도 자네는 같은 실수를 또 저지를 거네. 아니, 어쩌면 더 이상 그런 실수를 안 할 수도 있겠지. 하지만 다른 직원들도 과연 그럴 거라고 보는가? 자네의 잘못을 봐주면 그들도 똑같은 실수를 했을 때 면죄부를 받게 될 거라고 생각할 걸세. 이런 식으로 우리 회사 직원들이 한 번씩 실수를 저지르게 되면 과연 회사가 살아남을 수 있을 거라고 보는가?"

토마스는 오랜 세월 몸담았던 회사를 떠나며 회한의 눈물을 쏟아냈다. 지난 몇 년 동안 그는 잘 나갈 때도 있었고, 생각처럼 일이 안 풀릴 때도 있었다. 하지만 그럴 때마다 회사는 단 한 번도 그를 탓한 적이 없었다. 그런데 이번만큼은 달랐다. 이 일이 회사의 절대적 가치를 위협하는 행동이었기 때문이다. 회사의 핵심가치가 위협을 받게 되면 경영자는 아무리 작은 문제라도 철저하게 원인을 규명하고 단호하게 처벌해 일벌백계의 본보기로 삼아야 한다.

❓ 심알못 사장을 위한 한마디

처음에 깨진 유리창을 제때 수리해야 뒤탈이 생기지 않는다. 그렇지 않고 시간을 끌게 되면 자포자기의 심리가 생기기 쉽다. 기업경영도 마찬가지다. 일본 기업의 레드카드 작전이 주는 교훈처럼 일상 속에 존재하는 모든 유리창이 깨지지 않게 주의해야 하고, 마음속에 존재하는 유리창은 더욱더 함부로 깨뜨려서는 안 된다. 설사 한순간의 실수나 관리의 소홀로 유리창을 깼다 해도 그 즉시 원상복구를 시켜놔야 한다. 그래야만 판도라의 상자가 열리는 것을 막을 수 있다.

과거의 성공 경험을
그대로 따라 하는 사장

 고정관념은 늘 사고를 한쪽으로 치우치게 만듭니다. 즉 '편견'을 만들어내는 거죠. 특히나 과거의 경험은 제일 경계해야 하는 대상입니다. 자신의 성공이나 실패의 경험만 믿고 똑같이 결정하다가는 변화하는 비즈니스 환경에 뒤떨어질 수 있습니다. 그렇다면 경영자는 어떻게 고정관념을 극복할 수 있을까요?

한 심리학자가 무작위로 100명을 찾아가 이런 이야기를 들려주며 물었다.

"어떤 군인과 노인이 길가에 서서 이야기를 나누는데 어린아이가 헐레벌떡 달려와 군인에게 '당신 아버지와 내 아버지가 싸우고 있어요!'라고 말했죠. 그랬더니 노인이 군인에게 '이 아이와 무슨 관계요?'라고 물었고, 군인이 '내 아들입니다.'라고 대답했습니다. 자, 그렇다면 싸움을 하고 있는 두 사람은 군인과 무슨 관계일까요?"

그 결과 피실험자 100명 중 고작 2명만이 정답을 맞혔다. 얼마 후 심리학자가 또 이 질문을 세 식구가 사는 집을 찾아가 했다. 그랬더니 부모는 둘 다 틀린 대답을 했고, 아이만이 바로 정답을 맞혔다.

"군인은 아이의 엄마에요. 그러니까 싸우는 사람은 아이의 아빠와 외할 아버지에요."

이 간단한 질문을 두고 많은 성인이 정답을 맞히지 못했다. 그런데 어떻게 아이는 곧바로 정답을 맞힐 수 있었을까? 이것은 심리적 고착현상 때문이다. 심리적 고착은 어떤 자극이 발생한 후 늘 습관적 방식으로 반응하는 일종의 심리경향성 상태를 말한다. 성인들은 자신의 경험에 근거해 군인이 남자일 거라고 확신한 채 추리를 시작한다. 그러니 당연히 답을 맞힐 수 없다. 그러나 아이는 그런 경험이 없고 심리적 고정관념의 영향을 받지 않기 때문에 곧바로 문제의 핵심을 포착하게 된다.

이런 심리는 경영자들 사이에서도 흔히 발견할 수 있다. 경영과정에서 문제가 생길 때마다 그들은 이런 생각부터 먼저 떠올린다. 예전에도 이런 문제가 있었나? 그때는 어떻게 처리했지? 어떤 경영자들은 이런 말을 습관처럼 하기도 한다. "예전에 이런 문제가 생겼을 때 이렇게 처리했어. 지금 문제도 그때와 비슷하니 똑같이 처리해도 전혀 문제될 것이 없네." 이런 경험주의가 바로 실질적인 심리적 고착을 일으키는 원인이다.

물론 심리적 고착이 완전히 부정적인 면만 있는 것은 아니다. 수많은 통상적 결정에서 그것은 분명 긍정적 역할을 수행하고, 과거의 경험을 통해 더 빨리 해결방안을 찾을 수 있다. 그러나 더 많은 상황, 특히 통상적이지 않은 결정을 해야 할 때, 경영자는 과거의 그늘에서 벗어나 융통성을 찾아야 한다. 그렇지 않으면 과거의 경험은 사람을 속박하는 족쇄가 되어 혁신적 방안의 모색을 방해한다.

1950년대 초반, 일본 도시바전기는 대량으로 생산한 선풍기를 팔지 못해 재고가 쌓여가고 있었다. 도시바는 판로를 찾기 위해 7만 명이 넘는 직원들에게 해결방안과 혁신적인 아이디어를 내보라고 했지만 한동안 별 소득이 없었다. 그러던 어느 날 한 말단직원이 선풍기 색상을 바꿔보면 어떻겠냐고 제안을 했다. 그 당시 전 세계 선풍기 색상은 모두 검은색이었고, 도시바도 예외가 아니었다. 그는 그 색상을 좀 더 밝은색으로 바꿔보자고 했다. 회사 측은 그의 의견을 받아들여 시도해보기로 결정을 했다. 그런데 뜻밖에도 이 선풍기는 출시되자마자 엄청난 인기를 얻었고, 주문서가 각지에서 쇄도했다. 도시바전기는 빠른 속도로 위기에서 벗어나며 승승장구했고, 이때부터 세계적으로 선풍기의 색이 다양해지기 시작했다.

이렇듯 경영자는 자신의 과거 경험에 사로잡혀 습관적으로 결정하거나 새로운 의견을 무시해서는 안 된다. 오히려 혁신적인 아이디어를 자유롭게 개진할 수 있는 환경을 조성해야 한다.

결국 모든 변화는 사장 자신에게서 시작된다. 벼랑 끝에 몰렸다거나 진퇴양난의 기로에 서 있다고 생각되는 것도, 따지고 보면 사고의 고착에서 헤어나오지 못한 채 고집을 부린 탓이 크다. 과감하게 혁신적 사고를 할 수 있다면 위기를 벗어날 출로는 언제 어디서라도 열릴 것이다.

> ### ❓ 심알못 사장을 위한 한마디
>
> 경영자가 사고의 고착을 극복하고 혁신적인 사고능력을 키우려면 적어도 다음 조건을 충족시켜야 한다.
>
> #### ① 틀에 박힌 생각을 과감하게 의심하기
> 경영자는 과거의 틀에 박힌 방안에 대해 과감하게 의심하고, 끊임없이 변하는 환경에 맞춰 자신의 전략을 바꾸는 데 능수능란해야 한다. 예를 들어 미국 소매업계를 평정하고 유통업계 제왕의 자리에 오른 샘 월튼은 시골 사람들을 겨냥한 할인점을 생각해냈고 이게 바로 월마트의 시작이다.
>
> #### ② 직원들의 혁신적 사고를 통해 추진력 얻기
> 사장 개인의 혁신능력도 중요하지만, 그것만으로는 기업을 이끌기에 역부족이다. 그래서 경영자는 조직 구성원의 자질과 능력을 키우는 데 주력해야 한다. 그들의 혁신적 자질은 경영자의 혁신적 사고를 발전시키는 데에 커다란 도움이 된다.

결정에 앞서
자기점검부터 한다

만약 아무런 준비도 안 된 상태에서 결정을 하게 되면 그 시행과정에서 반드시 벽에 부딪히게 될 겁니다. 그래서 결정에 앞서 자기점검을 꼼꼼히 해보는 것이 매우 중요합니다. 특히나 하루에도 몇 번씩 중요한 결정을 해야 하는 사장이라면, 의식하지 않아도 자연스레 스스로를 체크할 수 있는 자기점검 프로세스가 필요합니다.

어떤 결정을 하기 전에는 반드시 자기점검을 거쳐야 한다. 더구나 회사의 존망을 책임지는 사장이라면, 당연히 자기점검을 통해 일의 위험성과 능력여부, 마인드 등 전체적인 상황을 체크해야 한다. 그 방법은 다음과 같다.

점검 ① 명확한 목표가 있는지 여부

명확한 목표는 신기한 힘을 가지고 있어서 당신의 앞길을 밝혀주는 등불이 되어준다. 만약 명확한 목표가 없이 모험을 감행한다면 이미 절반은 실패한 셈이다.

점검 ② 최악의 상황에 대비했는지 여부

손실 가능성을 미리 염두에 두지 않으면 막상 그 일이 현실로 닥쳤을 때 속수무책으로 당할 수밖에 없다. 최악의 상황을 염두에 두고 대비하지 못한다면 당신은 모험을 거론할 자격조차 없다.

점검 ③ 단호하게 행동할 수 있는지 여부

일단 당신이 목표를 정했고, 모험을 해도 될 만한 때가 왔다고 정확히 판단했다면 단호하게 행동에 나서야 한다. 모든 요소를 총동원하는 데 집중하고, 그것들을 최고의 동력원으로 만들어야 한다. 한 번 해보고 나서 결정하면 된다는 생각으로 일을 시작해서는 안 된다. '할 수 있는지 일단 해보고, 안 되면 얼른 발을 빼자'라는 태도로 임한다면, 그 어떤 도전도 실패로 끝날 수밖에 없다.

점검 ④ 현실에 부합하는지 여부

당신이 감당할 수 있는 능력이 어느 정도인지 객관적으로 평가하고, 혼자서 감당할 수 없는 일을 감행해서는 안 된다. 당신의 제어 범위 밖의 대상에게 도움을 받을 수 있을 거라 막연한 기대를 품어서도 안 된다.

점검 ⑤ 자기감정을 조절할 수 있는지 여부

두려움, 분노, 상처, 질투 때문에 분수에 맞지 않는 일을 해서는 안 된다. 감정의 문제는 감정적 해결로 귀결되어야 한다. 만약 화가 나면 위험을 무릅쓰고 당신의 화를 표출해도 좋다. 그러나 직원한테 화가 난다고 해서 불도저처럼 밀고 들어가면 절대 안 된다. 요컨대 당신의 감정을 잘 추스르고, 생각과 행동이 감정에 휘둘리지 않게 만들어야 한다.

점검 ⑥ 환경에 유연하게 대처할 수 있는지 여부

당신에게 계획이 있다고 해서 무조건 그대로 해야 하는 것은 아니다. 상황이 변하면 방법을 강구해 계획을 조정하고, 때로는 바람을 보고 노를 저을 줄도 알아야 한다.

> **❓ 심알못 사장을 위한 한마디**
>
> 결정을 하기 전에 해야 하는 자기점검은 일반적으로 볼 때 결정 그 자체보다 훨씬 중요하다. 예를 들어 어떤 문제를 해결하기 위해 결정을 내릴 때, 결정은 제대로 잘 내렸지만 문제의 본질 자체가 잘못되었을 가능성이 있다. 일선에서 경영자들은 늘 자신의 경험과 직감에 의지하려는 경향을 보인다. 그러나 직감과 경험은 측정의 기준이 없으니 그 결과 또한 예측하기 힘들다.

승산 없이
경거망동하지 않는다

 사장 및 임직원들은 매일 회사의 생사존망과 관련된 각종 결정에 참여하고 집행하는 업무를 하고 있습니다. 그렇다면 가장 근본적인 질문을 스스로에게 던져봅시다. 지금 당신의 회사는 어떤 프로세스로 의사결정을 하고 있습니까? 모두의 동의를 얻어 순조롭게 집행되는 결정이 존재한다고 생각하십니까?

한 농부가 숲 근처에 커다란 마당이 딸린 멋진 집을 짓고 사방을 높은 담장으로 둘러쳤다. 그러던 어느 날, 농가의 높은 담장을 뚫고 사자 한 마리가 뛰어들어왔다. 농부는 기쁨을 감추지 못하며 사자를 잡기 위해 대문을 닫아걸었다.

사자는 밖으로 나갈 수 없다는 것을 알아차리고 거칠게 포효하며 양떼를 향해 돌진해 양을 모두 물어 죽였다. 그러고도 분이 풀리지 않는 듯 다시 황소에게 덤벼들었다. 농부는 자신마저 위험에 빠졌다는 것을 깨닫고 혼비백산하여 얼른 대문을 열었다. 그제야 사자는 살육을 멈추고 재빨리 숲속으로 도망쳤다.

농부는 마당의 참혹한 광경에 얼이 빠진 듯 그 자리에 털썩 주저

앉아 자신의 어리석음을 탓했다.

"내가 귀신에 홀린 게 분명해. 평소에는 사자를 멀리서만 봐도 정신없이 도망치던 놈이 무슨 생각으로 사자를 내 집에 가두고 잡으려고 한 걸까?"

처음에 농부가 사자를 자기 집 마당에 가둬 잡으려 했던 생각은 상당히 그럴싸했다. 사방에 높은 담장이 둘러져 있으니 사자의 신세는 독안에 든 쥐와 다를 바 없었다. 하지만 문제는 야생의 사자를 상대하려면 쥐와 비교되지 않을 만큼 엄청난 위험이 따른다는 것이다.

우리는 이 이야기를 통해 결정의 중요성을 미루어 짐작할 수 있다. 동시에 허점을 파악하고 제대로 된 의사결정을 하기 위해서는 객관화된 세부 프로세스가 필요함을 깨달을 수 있다.

1단계: 문제 정의

결정이 그 역할을 제대로 못하는 이유는 대부분 문제를 제대로 인식하지 못했거나 결정의 초점이 그다지 중요하지 않은 문제에 집중되어 있기 때문이다. 그래서 문제를 정확히 정의하는 것은 일의 성공 여부를 규정짓는 전제조건이 된다. 그렇지 않으면 잘못된 결정을 내릴 가능성이 높아지고 오히려 새로운 문제가 발생할 수도 있다.

문제를 어떻게 정의할지는 다음 4가지 질문의 답을 찾는 과정에서 만들어질 수 있다. 문제가 언제 발생했는가? 문제가 어떻게 발생했는가? 그런 문제가 왜 일어날 수 있었는가? 발생한 문제가 어떤 영향을 미치고 있는가?

이런 질문에 대한 답을 찾기 위해서는 시간이 필요하다. 결정의 과정에서 새로운 자료와 또 다른 견해가 생겨나기 때문이다. 이 때문에 문제의 정의는 지속적인 과정이다. 끊임없는 조정과 새로운 해석을 거쳐야만 단계적으로 더 완벽해지고 그 의미가 확실해질 수 있다.

이 과정 속에서 도대체 무슨 상황이 벌어졌는지, 어떤 요소들이 이 문제와 연관되어 있는지 더 확실한 답을 구해야 한다. 문제를 정확하고 전면적으로 정의하기 위한 유일한 방법은 관찰한 모든 상황을 대조하고, 기존의 정의를 끊임없이 검증하는 것이다. 일단 이 정의가 전체 상황을 포괄할 수 없다면 즉시 그것을 폐기해야 한다.

2단계: 문제의 제한조건 규정

그 다음 단계에서는 문제의 제한조건을 명확히 해야 한다. 예를 들어 신제품의 마케팅 전략을 결정하려면, 어떤 목표를 달성하고 싶은지 먼저 정해야 한다. 당신이 이 제품으로 회사의 영업이익을 끌어올리고 싶은지, 시장점유율을 높이고 싶은지, 회사의 브랜드인지도를 높이고 싶은지를 명확히 해야 한다는 말이다.

당신이 이 모든 목표들을 동시에 달성하는 것은 불가능하다. 사장은 우선순위를 정해서 무엇을 얻고, 무엇을 버릴 것인지 결정해야 한다. 다시 말해서 결정을 통해 실현하고자 하는 목표를 명확히 정하고, 그 목표에 따라 우선순위와 취사를 결정하는 것이다. 이 단계에서 가장 흔히 범할 수 있는 실수는 서로 상충하는 목표를 여러 개 설정하는 것이다. 이런 결정은 도박보다 더 이성을 상실한 행위다. 한편 옳은 결정을 내렸다 하더라도, 후속과정에서 전제조건이 변경될 수 있다. 따라서 사장은 결정의 실현을 위한 제한조건을 처음부터 끝까지 명심해야 하고, 현실적인 상황에 큰 변화가 생기면 바로 새로운 방법을 찾아야 한다.

3단계: 자료 수집과 해결방법 모색

자료를 수집하기 전에 먼저 할 일이 있다. 자신이 알고 있는 자료와 정보를 평가하고, 모르거나 확실치 않은 부분을 파악하도록 한다. 그래야 무엇이 더 필요한지 정확히 알 수 있다. 정보는 많을수록 좋은 것이 아니다. 때로는 지나치게 많은 정보가 더 독이 되어 결정의 정확도를 떨어뜨릴 수 있다. 따라서 자료와 목표 사이의 관련성을 근거로 어떤 정보가 필요한지 판단하고, 그 외의 것은 무시해도 좋다.

어느 정도 자료를 수집했다면 이제 해결방법을 모색해야 하는데, 이 과정에서 가장 흔히 듣게 되는 불만은 바로 '좋은 해결방법이 떠오르지 않는다'는 것이다. 사실상 생각이 안 나는 것이 아니라 걱정이 너무 많아 아무것도 안 된다고 느껴지는 것뿐이다. 그러나 이 단계의 핵심은 여러 사람의 지혜와 능력을 한데 모아 다양한 의견을 모으는 데에 있다. 타당성 문제에 대해서는 잠시 고민을 접어두고 방법을 모색한다.

4단계: 최적의 방안 결정과 행동계획 수립

어떤 방안들이 확실히 실행불가능하거나 능력의 한계치를 넘어서는 수준이라면 고려의 대상에서 제외시키고 다른 방안을 검토한다. 최고의 방안을 찾는 데 도움이 될 수 있도록 미국 과학자 벤저민 프랭클린이 제안한 비용편익분석법도 활용가능하다. 이는 각 방안의 장단점을 나열하고, 장점을 1~+10, 단점을 1~-10으로 등급을 나눠 평가한 후, 마지막으로 각 점수를 합쳐서 총점을 내는 방법이다. 이 총점을 근거로 최고의 방안을 결정하게 되는데, 이것이 바로 유명한 '벤저민 프랭클린의 결정법'이다.

일단 결정이 내려지면 앞서 부결된 방안에 연연하지 말고 단호하게 후속집행에 전념해야 한다. 이를 위해 상세한 행동계획을 정할 필요가 있다. 예를 들어 어떤 사람들이 이 결정을 알아야 하는지, 어떤 행동을 취해야 하는지, 어떤 사람들이 어떤 구체적 행동에 책임을 져야 하는지, 문제가 생기면 어떻게 대처해야 하는지 등이다.

5단계: 집행 후 효과 검토하기

우리는 결정의 집행과정을 되돌아보고 다시 검토해보는 데 취약하다. 이 때문에 귀중한 경험이 누적되지 못한 채 사장되어 버리는 경우가 많다. 사후평가는 단지 서면보고만으로 부족하다. 지형도를 연구하는 것만으로 산의 실제지형을 온전히 파악할 수 없는 것처럼, 서면보고 역시 실제 상황을 완벽하게 보여줄 수 없다. 어떤 세부사항은 직접 경험하거나 참여자의 주관적 의견을 들어봐야 비로소 정확한 맥락을 잡을 수 있다.

미국 육군의 사후평가 방법도 그런 의미에서 배워볼만하다. 훈련이나 군사 임무가 끝날 때마다 미 육군은 전문가를 초빙해 좌담회를 열고, 훈련에 참여한 사람들의 경험과 생각을 들으며 토론한다. 이런 식으로 취합한 사람들의 의견을 근거로, 전문가들은 훈련과정을 개선하는 방안을 마련한다.

❓ 심알못 사장을 위한 한마디

많은 사람들이 '집 마당까지 들어온 사자'와 같은 우연한 기회를 만날 수 있다. 이럴 때 당신이 사장이라면 반드시 명심해야 할 원칙이 있다. 즉 승산이 없으면 절대 탐욕을 부리지 말아야 한다는 것이다. 모든 재앙은 경솔한 결정에서부터 시작되기 때문이다.

관리는 일련의 결정으로 이루어지고, 결정은 관리의 심장이다. 권위있는 한 조사 결과에 따르면, 파산에 이른 세계적 기업 100곳 중 85퍼센트가 회사 경영자의 신중하지 못한 결정 때문에 파산에 이른 것으로 나타났다. 경영자에게 결정이 얼마나 중요한지를 보여주는 예라 할 수 있다.

결정은 정해진 목표에 도달하기 위해, 여러 실행가능한 방안 중 합리적 방안을 선택하기 위한 분석, 판단의 과정이다. 결정의 정확도 여부는 조직의 승패를 결정짓는다. 정확한 결정은 조직이 합리적인 방향으로 나아가도록 이끈다. 반면에 잘못된 결정은 실패와 붕괴의 과정을 겪게 만들 뿐이다.

밀어붙일 타이밍과
물러날 타이밍

 누구에게나 다수의 의견을 따르는 군중심리가 내재되어 있습니다. 혼자 다른 얘기를 했다가 고립될까 두려워 다수의 의견에 편승하려는 것이죠. 회사를 경영하는 사장 역시 이런 군중심리에서 완전히 벗어나기가 힘듭니다. 그러다 보니 자신의 소신대로 밀고 나가야 할지 다수의 의견에 따를 것인지 고민이 큽니다.

아주 흥미로운 심리학 실험을 하나 소개하고자 한다. 한 심리학자가 피실험자 5명을 뽑아 출발선에서부터 30미터를 쭉 걸어가라고 시켰다. 첫 번째 피실험자가 정해진 지점까지 걸어간 후 멈춰 서서 하늘을 바라봤다. 뒤이어 두 번째와 세 번째 피실험자도 30미터를 걸어가 아무 말 없이 하늘을 바라봤다. 이때 주변에 있던 한 사람이 그들을 보며 영문도 모른 채 따라서 하늘을 쳐다봤다. 이후 5명의 피실험자가 모두 하늘을 쳐다본 시점에는 주변에 있던 사람들 대부분이 하늘을 보고 있었다. 마침내 피실험자들이 떠나자 사람들끼리 그이유를 두고 의견이 분분해졌다. 누군가는 하늘에 발광체가 있었다고 말했고, 누군가는 비행기 사고가 났다고 했고, 또 누군가는 UFO

가 날아가는 것을 봤다고 말했다.

　이것이 바로 우리가 일상생활 속에서 볼 수 있는 '편승효과'를 생생하게 보여주는 실험이다. 편승효과는 심리학자마다 정의가 조금씩 다르다. 데이비드 마이어스는 편승심리에 대해 개체가 실제로 있거나 혹은 상상 속에 존재하는 집단의 압력을 받아 뚜렷한 주관 없이 행위와 신념을 바꾸는 경향을 가리킨다고 말했다. 스테판 프란츠는 편승심리를 이미 인식하고 있는 단체의 압력에 대해 굴복하는 경향이라고 여겼다. 어쨌거나 핵심은 개체가 군중의 영향을 받을 때 사람들은 자신의 판단이나 행동에 의심을 품고, 사회의 기준과 규범에 부합시키려고 한다는 것이다.

　일상생활에서 편승심리는 보통 2가지 방식으로 나타난다. 첫째, 특정한 임시상황에서 다수의 행동방식을 따르는 것이다. 예를 들어 대다수가 아무 조치도 취하지 않는 걸 보고 똑같이 가만히 있는 방관자 현상이나, 폭동이 일어났을 때 남을 따라 파괴행위에 동참하는 등의 방식이다. 둘째, 장기적으로 절대 우위를 점해온 관념, 즉 풍속, 습관, 전통 등에 순응하며 따르는 것이다.

　연구 결과에 따르면 편승심리를 야기하는 관건은 어떤 의견을 가진 사람의 수에 달려있다. 다수를 점한다는 자체가 설득력을 갖는 것이다. 그래서 모두가 똑같은 의견을 주장하는 상황에서 혼자 자기생각을 고집할 수 있는 사람은 극히 드물 수밖에 없다. 미국 심리학자 솔로몬 애시는 한 실험을 통해 사람이 어느 정도까지 타인의 영향을 받는지를 연구했다.

애시는 실험에 지원한 대학생들을 앉혀놓고 실험의 목적이 사람의 시각현상에 대한 연구라고 밝혔다. 그리고 그들에게 어떤 선이 가장 길고 짧은지를 말해달라고 요청했다. 애시는 왼쪽에 선을 하나 그려놓았다. 그리고 오른쪽에 또 다른 3개의 선을 그려놓은 후 총 18회의 판단을 진행했다. 사실 이 선들의 길이 차이는 아주 뚜렷해서 정상인이라면 누구나 정확한 판단이 가능할 정도였다.

피실험자들 속에는 애시와 미리 짜고 일명 '바람잡이' 역할을 하는 학생이 5명 섞여있었다. 이들은 앞자리에 앉아 애시가 차례대로 질문을 할 때마다 고의로 입을 맞춰 틀린 답을 말했다. 진짜 피실험자들은 자신의 차례가 다가올수록 얼굴에 당황하는 기색을 드러냈다. 아마도 그들은 자신의 눈을 믿어야 할지, 아니면 틀린 것을 알면서도 다른 사람들처럼 똑같이 대답을 해야 할지 혼란스러웠을 것이다.

실험결과 피실험자들 중 평균 33퍼센트가 편승심리에 휩쓸렸고, 적어도 76퍼센트가 한 번은 다수의 의견에 편승해 판단을 했다. 그러나 정상적인 상황이었다면 판단 착오 가능성은 1퍼센트도 되지 않았을 것이다. 물론 24퍼센트의 사람은 편승심리에 흔들리지 않고 끝까지 자신의 판단을 고수했다.

실험이 끝난 후 애시는 다수의 의견에 편승했던 사람들을 대상으로 무슨 생각에서 그런 판단을 했는지 조사했다. 그들 중 실험 내내 편승행동을 보여준 피실험자는 다들 그렇게 말하니까 자신도 모르게 따라하게 됐다고 말했다. 또 한 사람은 처음에는 자신의 판단을 확신했지만 다른 사람이 모두 아니라고 하니 자신의 눈을 의심하게 되더라고 말했다.

압박 역시 편승심리를 부추기는 핵심요소 중 하나다. 개체와 다수의 행위가 일치하지 않을 때 사람은 늘 고립되는 것처럼 불안감을 느끼게 된다. 이때 집단의 압박이 그의 생각을 바꾸게 만든다. 개체와 다수의 행위가 일치해야 비로소 '틀리지 않았다'는 안도감이 느껴지기 때문이다. 설사 틀렸다 해도 나 혼자만의 일이 아니니 심적 부담을 분산시킬 수 있다.

편승심리가 나타나는 또 다른 원인은 어떤 현상에 대한 이해가 부족하거나 상황이 불확실할 때, 대부분의 사람들이 타인의 행위를 최고의 참고대상으로 삼기 때문이다. 낯선 도시에 가면 사람들이 많이 찾는 상점에 들러 쇼핑을 하고, 물건을 고를 때도 대세를 따른다. 상인들이 '바람잡이'를 고용해 판촉행사를 하는 것도 이런 이유 때문이다.

물리학자 플러턴이 고체 헬륨의 열전도 측정실험을 했다. 그는 새로운 측량방법으로 측정을 시도했는데, 전통 이론에 따라 계산한 수치보다 무려 500배를 웃도는 결과가 나왔다. 그는 이 엄청난 차이를 함부로 학계에 발표할 수 없었다. 이 수치를 발표하는 순간 학계의 주목을 받고 싶어 허풍을 치는 과학자로 매도될까 두려워서였다.

얼마 후 미국의 젊은 과학자가 고체 헬륨의 열전도를 측정했고, 플러턴의 수치와 동일한 결과를 얻었다. 이 젊은 과학자는 곧바로 자신의 실험결과를 발표했고, 과학계의 관심이 이 놀라운 실험에 쏠렸다.

플러턴은 그 소식을 듣자마자 절망과 후회에 휩싸여 이렇게 말했다.

"그때 내가 '습관'의 모자를 벗어던지고 '혁신'의 모자를 썼다면 그 젊은이에게 내 몫의 영광을 빼앗기지 않았을 겁니다."

이렇듯 편승심리는 우리 일상에서 흔히 볼 수 있는 보편화된 현상이다. 하지만 회사를 경영하는 사장은 결코 편승효과에 휘둘려서는 안 된다. 대다수의 임직원이 자신의 의견과 반대의견을 제시했다면 이는 분명 한 번 더 신중히 점검하고 고민해야 할 문제이다. 이럴 때 독불장군처럼 혼자만의 생각을 강요한다면 이는 또 다른 부작용을 낳을 수 있고 자유로운 소통의 분위기를 망칠 수 있다. 하지만 그렇다고 이것이 다수의 뜻에 휘둘려 자신의 소신을 무작정 버리라는 의미는 아니다. 사장이라면, 각 의견의 장단점과 여러 요인을 따져보고 객관화된 결정의 이유를 찾을 수 있어야 한다. 사업에서 성공을 거둘 수 있는지 여부는 깨어있는 머리와 자신에 대한 믿음의 크기에 달려있다. 성공한 사람은 늘 극소수이고, 평범한 사람이 대부분을 차지할 수밖에 없는 근본적인 이유가 바로 여기에 있다.

> **❓ 심알못 사장을 위한 한마디**
>
> 편승효과에도 긍정적인 역할이 분명 있다. 회사를 경영하는 입장에서 보자면, 직원들의 관념과 행위를 일치시키고 유지할 필요가 있는데, 이때 편승효과를 적절히 활용하면 불필요한 에너지 소모를 막을 수 있다. 또한 아무리 똑똑한 직원이라 해도 그의 지식에는 결국 한계가 있다. 그래서 변증법적으로 보면 편승효과에 기대어 사회의 지식, 기술, 경험을 배워야, 시야를 확대하고 창의력을 높일 수 있다.

조직이 부여한 권력을
이용하는 방법

 지위가 높은 사람, 권위가 있는 사람, 존경을 받는 사람의 말은 타인의
주목을 받게 마련입니다. 이것이 바로 '권위효과'입니다. 회사의 사장 역시
일종의 권위를 가지고 있으므로, 이를 잘 활용하면 경영에 많은 도움이
됩니다. 특히 결정을 내린 후 직원들이 잘 따르도록 설득하고자 할 때
효과적으로 활용할 수 있습니다.

권위효과는 생활 속에서 다방면으로 응용된다. 업체에서 광고를 할
때 권위 있는 모델을 기용해 그 제품을 칭찬하고, 토론을 할 때 권위
있는 인물의 말을 인용해 논리적 근거로 삼는 것 등이 이에 해당한
다. 인간관계에서도 우리는 권위의 효과를 자주 경험한다. 특히 상
대방을 자신의 관점에 동의하도록 설득하고 싶을 때 권위효과는 기
대 이상의 효력을 발휘할 수 있다.

　미국에서 심리학자들이 이런 실험을 한 적이 있다. 모 대학 심리
학과 강의시간에 교수가 학생들에게 외부에서 초빙한 독일인 강사
를 소개하며, 그가 독일의 유명한 화학자라고 알려주었다. 실험과정
에서 이 '유명한 화학자'는 그럴듯하게 병 하나를 꺼내 들었다. 그 안

에는 증류수가 담겨 있었다. 그는 그 물이 자신이 최근에 발견한 화학물질인데 희한한 냄새가 나는 게 특징이라고 말했다. 그러고는 학생들에게 그 병을 건네며 냄새를 맡은 사람은 손을 들어달라고 했다. 그러자 대다수 학생이 손을 들었다. 왜 대다수 학생이 무색무취의 증류수에서 냄새가 난다고 한 걸까? 그 이유는 사회 속에 존재하는 보편적 심리현상, 즉 권위효과 때문이다.

권위효과가 보편적으로 존재하는 것은 주로 다음 2가지 방면의 요인 때문이다. 첫째, 사람들은 모두 안전 심리를 가지고 있다. 다시 말해 사람들은 늘 권위 있는 인물을 옳은 본보기로 삼는 습성이 있고, 그들을 따를 때 안도감을 느끼며 자신의 성공가능성이 높아질 거라고 여긴다.

둘째, 사람이라면 누구나 칭찬 심리를 가지고 있다. 사람들은 권위 있는 인물의 요구가 사회의 규범과 일치한다고 여긴다. 그래서 그들은 권위 있는 인물의 요구대로 하면 각 방면에서 칭찬과 상을 받게 될 거라고 생각한다.

포르투갈의 탐험가 마젤란은 스페인의 카를로스 국왕의 전폭적인 지원을 받은 덕택에 비로소 세계일주 항해를 성공시킬 수 있었다. 그렇다면 마젤란은 어떻게 국왕을 설득해 자신의 탐험의 든든한 후원자로 만들 수 있었을까? 마젤란은 같은 포르투갈 출신의 유명한 지리학자 루이 팔레이루와 손을 잡고 함께 국왕을 설득했다.

당시는 이탈리아 탐험가 콜럼버스가 항해에 성공하면서 사기꾼들이

기승을 부릴 때였다. 그들은 항해의 명문을 내걸고 황실의 신임을 얻은 후 돈을 뜯어내려 안달이 나 있었다. 이 때문에 국왕은 그저 그런 항해사들을 쉽게 믿지 못했다. 그러나 마젤란과 함께 동행했던 루이 팔레이루는 오래도록 명성이 자자했던 지리학계의 권위있는 인물이었다. 국왕은 그런 그를 존중하고 신임했다.

팔레이루는 마젤란의 세계일주 항해의 필요성과 다방면의 장점을 국왕에게 누차 설명하며 국왕의 마음을 돌리는 데 일등공신이 돼줬다. 권위 있는 지리학자가 있었기에 국왕은 비로소 마젤란을 믿었고, 바로 그 권위의 역할이 세계일주의 성공과 항로개척의 쾌거를 이루는 귀한 발판이 되었던 것이다.

사실상 마젤란의 세계일주 항해가 끝난 후 사람들은 그때 팔레이루의 세계지리에 관한 인식이 전면적이지 못하고 오류가 있음을 알게 되었다. 심지어 일부 수치의 계산결과는 사실과 큰 편차를 보였다. 그러나 이런 것들은 전혀 중요하지 않았다. 국왕은 권위의 암시효과 때문에 전문가의 관점이 틀릴 리 없다고 확신했고, 어쨌든 그 덕에 마젤란은 세계일주 항해라는 위대한 성공을 거둘 수 있었다.

이처럼 타인을 설득하고 지지를 얻고 싶을 때 권위를 적절히 활용할 수 있다면, 시간과 노력을 절약하고 기대 이상의 효과를 거둘 수 있다. 반대로 경영자에게 권위가 없다면 경영과정에서 강물을 거슬러 노를 젓는 것처럼 늘 인위적 저항과 압력에 시달리고, 아무도 말을 듣지 않는 난감한 상황에 빠지게 된다.

어떻게 보면 경영자의 임무는 자신의 위신을 발휘해 생산동력을 만드는 것이다. 그런 면에서 경영관리란 개인의 위신을 끊임없이 높이는 과정이기도 하다. 자신의 위신을 세우는 데 능수능란하지 못한 경영자는 모두의 인정을 받기 힘들고, 혁신적인 경영실적을 만들어낼 수 없다. 더 솔직하게 말하자면 권위는 경영자의 생명줄이라 할 수 있다.

기업의 경영과 관리 과정에서 권위효과의 응용은 다양하게 이루어진다. 다만 경영자가 자신의 위신을 세우려면 엄격해야 할 때 결코 흔들림이 없어야 한다. 직원이 잘못을 저질렀다면 상응하는 징벌을 내려야 한다. 만약 제도가 허술하고 투명하지 못하면 당신의 말은 권위를 잃게 되고, 조직의 운영은 난항을 겪을 수밖에 없다.

> **❓ 심알못 사장을 위한 한마디**
>
> 기업은 권위효과를 이용해 직원의 업무태도와 행위를 좋은 방향으로 이끌고 변화시킬 수 있다. 지금까지 이런 방식은 일방적인 지시나 명령보다 훨씬 더 효과적이었고, 세계적 CEO들은 권위의 중요성을 누구보다 잘 알고 활용해왔다. 물론 권위를 세우고 싶으면 먼저 그것에 대해 전면적이고 심도 깊은 이해가 있어야 한다.
> 경영자의 말과 행동은 직원의 주목을 받고 늘 눈에 띌 수밖에 없다. 당신이 어떤 행동을 하면 직원들도 그것을 따라 하고, 당신이 어떤 생각을 하면 직원들의 생각도 그 방향으로 향한다. 직원들의 마음속에서 경영자는 정확한 방향을 알려주는 나침반과도 같다.

경영자가 하는 모든 행동과 말은 반드시 그럴 만한 이유가 있다고 생각하기 때문이다. 그래서 경영자가 잘하면 직원들에게 좋은 본보기가 되고, 잘못하면 권위와 신뢰를 잃게 된다.

그렇다면 경영자는 어떤 방면으로 주의를 해야 할까? 바로 사상, 인격, 열정, 품격 등의 방면에서 자신의 가치를 높여야 한다. 사장이란 지위만 믿고 자신의 뜻을 일방적으로 강요하거나 일관성 있는 태도를 보여주지 않는다면, 겉으로는 사장의 뜻을 따르는 것처럼 보여도 진정성 있는 변화를 이끌어내기 힘들고, 이는 조직의 분열과 인재의 이탈로 이어질 것이다.

과감한 결정을 가로막는
7가지 장애물

 성급하게 결정을 내리는 것도 문제지만, 결정을 자꾸만 미루거나
본격적으로 일에 착수하기에 앞서 몸을 도사리는 것도 문제입니다.
특히 사장이 이런 습관을 가지고 있다면, 이는 기업의 발전을 방해하는
직접적인 원인이라 할 수 있습니다. 우리는 이런 위험한 습관을 어떻게
극복해야 할까요?

결정을 할 때는 성급해서도 안 되지만, 주저하거나 미루는 행위는
더욱더 피해야 한다. 과감하게 결정하고 발 빠르게 움직여야 짧은
시간 안에 새로운 돌파구를 열 수 있다. 그러기 위해서는 먼저 다음
과 같은 장애요인을 극복해야 한다.

1. 자신만의 정확한 기준과 제한의 부재

어떤 사람들은 무슨 일을 해도 결정장애를 겪는다. 예를 들어 가방
이나 옷을 사는 작은 일에서조차 선뜻 결정을 못한 채 주저하고, 심
지어 저녁메뉴를 두고 한참을 고민하기도 한다. 사실 이런 결정장애
의 가장 큰 원인은 자신만의 정확한 기준과 제한이 없기 때문이다.

2. 객관적 사실과 주관적 의견의 혼동

경영자의 결정은 누군가의 느낌이 아니라 확실한 사실에 근거해야 한다. 만약 경영자가 객관적 사실과 주관적 의견을 분리시키지 못하면 각양각색의 골칫거리가 그치지 않을 것이다.

감정적으로 처리한 결정 중에 객관적 가치가 있는 것은 그리 많지 않다. 일례로 한 광고회사에서 입사지원자 2명 중에 1명을 최종 선택해야 했다. 그중 1명은 명문대 출신이고, 다른 1명은 지방대 출신이었다. 이때 사장이 명문대 출신이 일을 더 잘할 거라며 그를 최종 합격시켰다. 그러나 명문대 출신이 일을 더 잘할 거라는 것은 그의 주관적 의견일 뿐 객관적 증거는 그 어디에도 없다. 몇 년 후 사장은 자신의 선택을 뼈저리게 후회해야 했다. 그 지방대 출신은 다른 회사에 입사한 후 놀라운 성과를 보여주었고, 그의 창의력과 능력 덕에 회사는 업계에서 승승장구하기 시작했다.

3. 상황을 제대로 파악하기도 전에 결단을 내리는 조급함

상황을 충분히 이해하지 못한 채 결정을 내리면 늘 실수가 따른다. 예를 들어 한 사장은 처음 사업을 시작했을 때 위험부담은 커도 많은 돈을 벌 수 있는 사업에 투자할 기회가 있었다. 하지만 그는 손해를 볼까 두려운 마음이 큰 나머지 제대로 알아보지도 않고 투자를 포기했다. 그 후 그는 그때 일을 아쉬워하며 좋은 기회를 놓쳤다고 입버릇처럼 말했다. 정보에 집착해서는 안 되지만, 그렇다고 정보를 모으지도 않고 섣부르게 판단을 내려서도 안 된다.

4. 다른 사람의 생각과 말에 연연하며 눈치 보는 심리

많은 사람이 자신의 속에 있는 생각을 솔직하게 말하기 부담스러워한다. 자신의 결정을 두고 타인이 무슨 생각을 할지, 무슨 말로 자신을 공격할지 두려워하기 때문이다. 지나치게 자신에 대한 타인의 평가에 집착하고, 누구에게나 좋은 사람으로 인식되고 싶어 하는 심리가 때로는 정확한 판단과 결단에 독이 되기도 한다.

5. 책임을 회피하고 싶은 심리

화를 피하고 길한 것을 쫓고자 하는 심리는 인격형성과정에서 아주 자연스러운 일면이다. 기회가 찾아오면 얼른 잡고, 눈에 보이지 않으면 그만이라고 여기는 것은 지극히 정상적인 일이다. 하지만 이런 심리는 실패를 두려워하는 마음과 긴밀하게 연결되어 있어서 눈부신 성취를 이루는 데에 걸림돌이 된다.

6. 미래 예측에 대한 집착

어떤 사람들은 많은 정보를 얻고 나면 기존의 문제를 말끔히 해소하기는커녕 도리어 더 깊은 수렁에 빠지기도 한다. 어떤 의미에서 볼 때 과도하게 많은 정보는 확실히 더 큰 위기를 초래한다고 할 수 있다. 엄청난 시간을 들여 미래를 예측하는 데 집착하다 보면 결정을 내려야 할 최적의 시기를 놓치기 쉽다. 누구도 미래를 완벽하게 예측할 수 없다. 설사 경제학자가 시장의 판도를 예측했다고 해도 그것을 정설이라고 확신하기 힘들다. 그러니 결정을 해야 할 경우 마감시간을 정해 그 안에 가능한 여러 사람과 상의를 통해 협의를 이루고, 기한이 끝나면 바로 시행에 부쳐야 한다. 날짜가 임박해서도 해결방안에 대해 협의를 이루지 못했다면 업무와 가장 밀접한 관련 부서 담당자가 결정을 내리도록 해야 한다.

7. 현 상황에 안주하려는 심리

사장이 현 상황에 만족한다고 해서 크게 문제될 것은 없다. 다만 지금 생산 중인 제품이나 서비스가 아무리 좋고 잘 나간다고 해도, 결국 언젠가는 새로운 제품과의 경쟁에서 도태될 수밖에 없다는 게 문제다. 편안할 때 위기를 생각하는 '거안사위(居安思危)'의 지혜를 갖지 못한다면 머지않아 닥칠 위험을 피하기 어려울 것이다. 현실에 안주하게 되면 문제를 간과하고 시기를 놓치기 쉽다. 지금처럼 변화가 빠른 시대에 사전에 미리 준비를 해놓지 못하면 결국 실패의 운명을 벗어나기 힘들어진다.

❓ 심알못 사장을 위한 한마디

경영자로서 과감하고 단호하게 결정을 내리고 싶다면 다음 사항을 명심해야 한다. 누구나 실수를 하며 산다. 다만 잘못을 그 즉시 바로잡지 못하면 그로 인한 손실을 만회하기 힘들 뿐이다.

그래서 언제라도 자신의 결정이 틀렸다는 것을 깨닫게 되면 당장 실행을 멈추고 그 오류를 바로잡아야 한다.

또한 이성적인 판단력과 상식을 바탕으로 합리적인 결정을 내려야 한다. 번거롭다는 이유로 각종 자료의 수집을 거부하는 경영태도는 누구의 이해도 받기 힘들다.

누구나 타인의 존경을 받고 싶어 하는 마음을 가지고 있다. 하지만 지극히 자연스러운 이런 심리도 적정 한도를 벗어나면 도리어 독이 된다. 사장이라면 타인의 말과 생각에 의존하는 게 아니라, 자신의 일거수일투족을 스스로 책임질 줄 알아야 한다.

PSYCHOLOGY FOR THE BOSS

고객의 마음을 꿰뚫어보는
심리법칙

회사는 이익을 극대화시키기 위해 움직인다. 어떻게 회사를 경영하고 직원과 소통하며 제대로 된 결정을 할 수 있는가라는 모든 질문은 결국 이 목표를 위한 것이다. 그러자면 돈이 모이는 심리를 알아야 하는데, 이 역시 사람의 마음과 관련이 있다.

마케팅 심리학은 고객의 수요를 만족시키는 것뿐 아니라 고객과의 소통 및 상호작용을 강조하고, 이를 통해 고객의 마음속으로 들어가 공감대를 형성하는 것에 중점을 둔다. 모든 사장이 마케팅을 직접 담당하는 것은 아니겠지만, 최종적인 의사결정권이 사장에게 있는 만큼, 그 기본을 아느냐 모르느냐는 회사의 발전에 큰 영향을 끼칠 수밖에 없다.

"이 작은 간판을 집 창문에 걸어주시겠어요?"
"별것도 아니네요. 그러죠, 뭐."

사소한 부탁이
성공 확률을 높인다

 서양의 한 세일즈맨이 문 밖에서 제품을 판촉하려 들면 거의 실패로 끝나지만, 일단 그 문 안으로 발을 들여놓고 난 후 제품을 판촉하면 그 성공률이 대폭 상승한다는 것을 알아냈습니다. 이는 설득의 가장 기본적인 원칙 중 하나인데요, 당신은 이런 심리를 마케팅 전략에 얼마나 활용하고 있습니까?

누군가에게 부탁을 할 때 처음부터 무리한 요구를 하면 거절을 당할 확률이 높아진다. 그러나 비교적 낮은 수준의 요구부터 시작해 상대가 그 부탁을 들어준 후 요구 수준을 높이게 되면 훨씬 수월하게 목적을 이룰 수 있다. 이것이 바로 '문전 걸치기 전략'이다.

미국 심리학자 조너선 프리드먼과 스콧 프레이저가 현장실험을 진행해 이 이론을 증명했다. 두 심리학자는 자신의 조수를 시켜 무작위로 방문한 집에 작은 간판 하나를 창문에 걸어달라고 부탁했다. 그 결과 거의 모든 집주인이 이 요구에 동의했다. 얼마 후 그들은 이 집들을 또 방문해 지난번보다 훨씬 크고 별로 예쁘지 않은 간판을 마당에 놓아달라고 요구했다. 그러자 그중 절반의 사람이 수락했다.

이후 그들은 또 다른 실험군을 무작위로 방문해 다짜고짜 크고 예쁘지 않은 간판을 마당에 놓아달라고 부탁했다. 그 결과 동의한 집은 20퍼센트도 되지 않았다. 이러한 문전 걸치기 전략은 설득과 협상과정 중 광범위하게 응용되고 있다.

사람은 누구나 다른 사람 앞에서 변덕스러운 사람이 아니라 비교적 일관성 있는 이미지로 각인되기를 바란다. 그래서 타인의 부탁을 들어주거나 도움을 주고 난 후 이어지는 또 다른 부탁을 거절하기 힘들어한다. 만약 그 부탁이 크게 손해볼 일이 아니라면 '한 번 도와줬는데 두 번은 못해주겠어'와 같은 심리가 작용하기 때문이다.

심리학자 로버트 치알디니는 1975년 자선기관을 위해 모금을 할 때 '1달러라도 괜찮습니다'라는 말을 덧붙였을 뿐인데 모금액이 그 전보다 배로 불어난 것을 보고 이런 분석을 했다. 사람들에게 비교적 간단한 부탁을 하면 쉽게 거절하지 못한다. 작은 부탁을 거절하면 자신이 인정머리 없게 비쳐질까 봐 두렵기 때문이다. 그런데 사람들이 이 간단한 부탁을 들어주고 나면, 다시 좀 더 센 부탁을 해도 흔쾌히 승낙을 한다. 이것은 비협조적이거나 사람들에게 앞뒤가 안 맞는 인상을 주고 싶지 않아서다. 이런 현상은 문간에 발을 들여놓을 때처럼, 한쪽 발을 들여놓으면 나머지 발을 들여놓기 쉽고, 두 발이 들어가면 한 걸음 한 걸음 걸어서 안으로 들어가기 훨씬 수월해지는 것과 같다.

한 여기자가 유명인물을 취재해야 했다. 그녀는 그 김에 해양동물 보호 문제와 관련된 15분짜리 방송용 인터뷰를 함께 촬영하고 싶었다. 하지만 이 유명인이 너무 바쁘다는 게 문제였다. 만약 그녀와의 인터뷰 약속이 15분이나 걸린다는 걸 알게 된다면 인터뷰 자체를 거절할 가능성이 높았다. 여기자는 먼저 작은 것부터 시작해 큰 것을 요구하는 설득작전을 펼쳤다. 그녀는 먼저 그에게 전화를 걸었다.

"바쁘신데 시간을 내주셔서 감사합니다. 저희가 해양동물 보호 문제와 관련해서 선생님의 견해를 좀 듣고 싶은데 대략 3분 정도만 시간을 내주시면 충분할 것 같습니다. 알아보니 선생님께서는 매일 오후 4시면 늘 산책을 나가신다고 들었습니다. 가능하다면 오늘 오후 그 시간에 제가 찾아뵙고 인터뷰를 해도 되겠습니까?"

그 결과 여기자의 3분(게다가 상대방이 산책을 할 때 진행하는 조건)이라는 작은 요구가 수월하게 받아들여졌다. 여기자는 약속대로 당일 4시 정각에 인터뷰를 진행했고, 그가 집에서 나온 후 20분의 시간을 인터뷰에 온전히 쓸 수 있었다. 다시 말해서 이 유명인은 전례를 깨고 여기자에게 20분의 시간을 할애한 셈이 되었다. 그 덕에 여기자는 15분짜리 방송 연설을 만들기에 충분한 영상을 촬영할 수 있었다.

❓ 심알못 사장을 위한 한마디

사람을 상대하고 소통해야 하는 모든 과정에서 문전 걸치기 전략은 자주 **응용될 수** 있다. 어떤 일이든 작은 요구에 동의한 사람은 나중에 더 큰 요구도 **쉽게 받아들이** 는 경향을 보인다.

이것을 역이용하는 방법도 있다. 먼저 비교적 큰 부탁을 해보고, 상대방이 주저하는 모습을 보이는 순간 한발 물러서 작은 부탁을 하는 것이다.

이와 같은 설득의 법칙은 특히나 고객을 직접 상대하고 설득해야 하는 마케팅 전략에 효율적으로 사용할 수 있다.

심리계좌는 경제적 계산을
무시하게 만든다

 일해서 번 돈과 뜻밖에 굴러들어온 돈이 다르듯, 돈이라고 해서 다 똑같은
돈이 아닙니다. 사람은 같은 비용에 대해 다른 반응을 보일 수 있으며,
때로는 더 큰돈을 더 쉽게 쓰기도 합니다. 당신은 이 같은 돈의 심리적
출처를 제대로 이해하고 마케팅 결정을 내리고 있습니까?

같은 10달러가 있다. 하지만 사람들은 무의식적으로 출처가 다른
돈으로 구분지어 머릿속에 2개의 계좌를 만들어놓는다. 이것이 바
로 시카고대학 교수이자 노벨상을 수상한 경제학자 리처드 탈러의
'심리계좌(Mental Accounts)' 개념이다.

　신용카드를 가진 사람은 누구나 이런 경험을 하게 된다. 이미 1천
달러가 넘게 카드를 썼는데도 또 별생각 없이 카드로 100달러를 계
산한다. 만약 1천 달러의 빚을 지고 다시 현금으로 100달러를 써야
한다면 아마 심리적 부담과 불안을 느꼈을 것이다. 이처럼 우리는
현금을 쓸 때보다 신용카드를 이용할 때 지출에 훨씬 무감각하다.
리처드 탈러의 말처럼, 신용카드는 쇼핑의 즐거움과 카드 빚 청산의

고통을 분리시켜 사람을 모호한 미래 속으로 밀어넣기 때문이다.

탈러와 법률가 캐스 선스타인이 공동 저술한 『넛지(Nudge)』에서, 탈러는 돈에 관한 비이성적 편차에 대해 상세하게 거론했다. 우리는 화폐의 상대적인 계산을 더 중시한다. 한 예로 어떤 사람들은 커피 값 100달러는 아깝지 않아 하면서, 100달러짜리 밥은 비싸다고 투덜댄다. 이런 심리는 왜 생기는 걸까? 그것을 이해하기 전에 우리는 심리계좌의 개념에 대해 먼저 명확히 알아둘 필요가 있다.

오늘 밤 당신은 음악회에 가기 위해 미리 30달러를 주고 티켓을 구입했다. 그런데 집을 나설 때 30달러가 충전된 버스카드를 잃어버린 사실을 알게 되었다. 당신은 과연 콘서트에 갈 수 있을까? 실험 결과 대다수 사람이 예정대로 콘서트를 보러 가겠다고 했다. 이제 상황을 바꿔서 어제 30달러를 내고 오늘 밤 열리는 콘서트 티켓을 샀다고 가정해보자. 시간에 맞춰 집을 나서려는데 티켓이 보이지 않았다. 만약 티켓을 잃어버린 거라면 콘서트장에 가서 다시 돈을 주고 사야 한다. 당신이라면 어떻게 하겠는가? 실험 결과 대다수 사람이 콘서트에 가지 않겠다고 했다.

그러나 곰곰이 생각해보면 2가지 경우 모두 논리적으로 앞뒤가 맞지 않는다. 잃어버린 것이 교통카드든 음악회 티켓이든 잃어버린 가치는 똑같이 30달러에 상당한다. 그런데 왜 교통카드를 잃어버렸을 때는 음악회에 가고, 티켓을 잃어버렸을 때는 음악회에 안 가는 걸까? 그것은 사람들의 잠재의식 속에서 교통카드와 티켓이 각기 다른 계좌에 들어있기 때문이다. 교통카드의 분실은 음악회가 들어있는 계좌의 예산과 지출에 영향을 주지 않는다. 그래서 대다수 사람이 음악회를 가기로 결심한다. 반면에 분실한 티켓과 다시 사야 하는 티켓은 같은 계좌에 들어있기 때문에 음악회에 60달러를 쓰는 것처럼 느껴지게 된다. 사람들은 이런 지출이 수지타산에 맞지 않는다고 판단한다.

절대량이 서로 같기만 하면 1달러는 똑같은 1달러일 뿐이니 서로 대체가 가능하다. 그러나 심리계좌에서는 1달러도 제각각 다르게 간주한다. 즉 그 돈이 어디서 생겼고, 어디에 쓸 건지에 따라 그 무게를 다르게 생각하는 것이다.

심리계좌에는 3가지 특징이 있다. 첫째, 분기별 소득 혹은 각기 다른 양상의 소득을 계좌별로 나눠 넣어두고, 독립적으로 관리한다. 둘째, 소득의 출처에 따라 소비의 경향이 달라진다. 셋째, 소득규모에 따라 다른 태도를 보인다.

예를 들어 사람은 심리적으로 힘들게 번 돈과 쉽게 들어온 돈을 다른 계좌에 집어넣는다. 일반적인 상황만 놓고 봤을 때, 힘들게 1만 달러를 벌어서 그 돈을 도박장에 가져다 바치는 사람은 거의 없다. 그러나 도박으로 1만 달러를 벌었다면 그 돈을 들고 다시 도박장에 갈 가능성은 아주 높아진다. 힘들게 돈을 벌면 그 돈을 어떻게 저축하고 투자할지 신중하게 고민하지만, 쉽게 번 돈이라면 태도가 전혀 달라질 수 있다. 이러한 심리계좌의 존재 때문에 소비자는 결정을 내릴 때 간단한 경제적 계산법칙을 어기고 수많은 비이성적 소비행위를 하게 되는 것이다.

❓ 심알못 사장을 위한 한마디

은행에서 재테크용 상품을 내놓는 것은 이런 심리를 잘 이용한 전략이라고 할 수 있다. 한 직장인의 수입을 예로 들어보자. 그의 주요수입은 통장으로 들어오고, 명절이나 분기별로 상여금이 들어오며, 가끔 주식 배당금이 부수입으로 생긴다. 은행 담당자는 그를 위해 다음과 같은 재테크 방법을 제시할 수 있다. 통장으로 들어오는 월급 중 기본급은 적금계좌로 묶어 고정저축을 만들고, 수당은 생활비로 쓴다. 상여금은 보험금과 축의금 등에 쓰고, 부수입은 여행이나 취미활동에 이용한다. 수입을 나눠 용도별 계좌에 넣어두었기 때문에 함부로 유용하는 일도 막을 수 있다.

마찬가지로 현명한 사장들은 이런 심리현상을 활용해 새로운 사업기회를 만들어 낼줄 안다. 실무를 뛰는 직원들은 당장 눈앞의 1달러에 우왕좌왕할 수 있다. 하지만 사장이라면 심리계좌의 개념을 명확히 이해하고, 어떤 가치를 제공해 어떤 심리계좌의 돈을 쓰게 만들 것인지를 고민해 방향성을 제시할 수 있어야 한다.

고객의 소리에
귀 기울이는 경청의 기술

 인간관계에서 경청은 문제를 푸는 열쇠 중 하나입니다. 직원과 소통할 때도 경청은 핵심적인 요소이지만, 고객과의 관계에서도 경청은 무엇보다 중요합니다. 앞서 얘기한 것처럼, 이는 경청이 신뢰와 이해의 토대를 만들어주기 때문인데요, 당신의 직원들은 고객을 상대할 때 이 방법을 제대로 활용하고 있습니까?

제임스는 한 양복점에서 양복을 한 벌 샀다. 그런데 집에 와서 입어 보니 색이 빠지는지 그의 와이셔츠 깃에 물이 들었다. 제임스는 무척 기분이 상했다.

그는 양복점으로 다시 가서 그에게 양복을 팔았던 직원을 찾았다. 그는 직원에게 상황을 설명하며 따지려 했지만 몇 마디 해보기도 전에 직원이 그의 말을 끊어버렸다.

"지금까지 이 양복을 여러 벌 팔았지만 단 한 번도 이런 문제가 없었습니다. 고객님 같은 분은 처음입니다."

판매원은 마치 제임스가 거짓말을 하고 있다는 듯 비아냥거렸다. 두 사람이 한창 갑론을박을 하고 있을 때 또 다른 직원이 다가왔다.

"짙은 색 양복은 색깔을 염색하는 공정을 거치다 보니 처음 입었을 때 색이 조금씩 빠질 수 있습니다. 이건 저희로서도 어찌해볼 도리가 없습니다. 이 정도 가격대의 양복은 모두 이렇다고 보시면 됩니다."

제임스는 이 말을 듣고 있으려니 화가 더 치밀어올랐다. 첫 번째 판매원은 그의 말을 거짓말로 치부했고, 두 번째 판매원은 그가 구입한 양복의 가격을 은근히 무시했다.

제임스가 더 이상 화를 참지 못하고 그들에게 욕을 퍼부으며 따지려는 찰나, 이 양복점 사장이 다가왔다. 그런데 그와 몇 마디 나누고 난 뒤 제임스의 태도가 180도 바뀌었고, 분노에 휩싸였던 감정은 어느새 눈 녹듯이 사라졌다.

사실 이 사장이 특별한 말이나 행동을 한 건 아니었다. 그는 처음부터 끝까지 제임스의 말을 귀 기울여 들어주었고 단 한 번도 중간에 끼어들어 그의 말을 끊지 않았다.

제임스의 말이 모두 끝나고 나자 판매원들이 다시 끼어들어 반박을 했다. 그러자 사장은 제임스의 관점에서 두 사람의 말을 요목조목 따지며 반박했다. 그는 양복 때문에 제임스의 와이셔츠 깃이 물든 것도 사실이고, 이 양복점에서 판매한 제품이라면 고객을 100퍼센트 만족시켜야 한다고 확실히 못을 박았다.

양복점 사장도 색이 빠지는 이유를 알지 못하기는 마찬가지였다. 하지만 그는 그 문제에 대해 정중히 사과를 한 후 제안을 했다.

"고객님, 이 상황이 단지 일시적인 것인지 좀 지켜봐 주시겠습니까? 일주일 정도면 충분할 것 같습니다. 그때까지도 문제가 지속되면 다시 가지고 오십시오. 저희가 고객님 마음에 드는 양복으로 꼭 교환해 드리도록 최선을 다하겠습니다."

양복점 사장이 사장의 자리에 오를 수 있었던 것은 그가 고객의 의견에 귀를 기울일 줄 알았기 때문이었다. 그런 면에서 그의 직원들은 영원히 판매직에서 벗어날 수 없을지도 모른다. 그들이 고객의 의견에 귀를 기울이지 못하면 소비자를 만족시킬 수 없고, 판매와 실적이 부진하면 진급에도 영향을 미치기 때문이다.

고객과의 소통과정에서 경청이야말로 문제를 푸는 관건이다. 직원은 고객이 진정으로 원하는 것이 무엇인지 알아야 그 수요를 만족시킬 수 있고, 치열한 경쟁 속에서 두각을 나타낼 수 있다.

심알못 사장을 위한 한마디

고객과의 소통과정에서 경청의 효과를 높이기 위해 다음과 같은 기술을 익혀둘 필요가 있다.

① 고객의 말을 함부로 끊지 않기
고객의 말을 함부로 끊으면 그 말의 흐름이 깨지고 감정이 흐트러진다. 고객의 기분이 좋지 않은 상태에서 그의 말을 끊으면 불난 집에 기름을 붓는 격이 되어 감정이 더 격해진다. 고객이 열변을 토하며 말할 때는 귀 기울여 들어주고 가끔 간단한 대답으로 호응하는 정도면 충분하다.

또한 고객의 말에 함부로 끼어들거나 말꼬리를 잡으면 안 되고, 고객의 바람과 상관없이 다른 화제로 말을 돌려서도 안 된다.

② 고객의 관점을 제때 정리해 들려주기

고객의 관점을 제때 정리해 들려주면 좋은 점이 2가지 있다. 첫째, 당신이 고객이 주는 정보를 계속 진지하게 경청했다는 것을 보여줄 수 있다. 둘째, 당신이 고객의 관점을 오해하거나 곡해하지 않고 있다는 것을 확실히 보여주고, 정확한 문제의 해결방법을 찾는 데 도움이 된다.

③ 고객의 관점을 반박할 때 신중하기

때때로 고객의 어떤 관점이 편파적이거나 당신의 생각과 맞지 않을 수 있다. 하지만 불만에 찬 고객들 중에서 타인의 직접적인 비평 혹은 반박에 호의적인 사람은 거의 드물다. 만약 고객의 관점에 대해 직접적인 반응을 보이기 힘들다면 질문 등의 방식으로 말의 핵심을 전환시키고, 고객이 문제해결에 접근할 수 있도록 이끌어야 한다.

④ 경청의 매너 지키기

경청을 할 때도 매너가 필요하다. 고객의 의견에 흥미를 보이고, 시선을 맞추고, 중요한 문제가 언급되면 펜을 들어 기록하고, 끼어들고 싶을 때 고객의 허락을 먼저 구하고, 예의와 격식을 갖춰 말하는 것 등이 여기에 해당된다.

이를 위해 고객과의 소통 전에는 신체, 심리, 감정, 태도 등 다방면으로 준비를 해야 한다. 피곤에 지친 몸, 피폐해진 정신상태, 부정적 감정으로 고객을 상대한다면 소통이 제대로 이루어질 리 없다.

심리적 암시로
고객의 마음을 사로잡는다

 수박 2개가 있습니다. 하나는 꼭지 덩굴이 있고 하나는 없다면, 대부분의 소비자가 꼭지 덩굴이 있는 수박을 살 겁니다. 이때 수박 장사꾼이 파는 것은 수박도 덩굴도 아닌 상식입니다. 마찬가지로 기업이 소비자의 마음을 사로잡으려면, 이런 심리를 활용할 줄 알아야 합니다.

수박 장수가 파는 것은 일종의 심리적 암시라 할 수 있다. 모두의 마음속에 원래부터 존재했던 상식은 굳이 따로 설명하지 않아도 알아서 받아들여진다. 이것이야말로 최소비용의 마케팅이다. 고객의 암묵적 요구를 만족시킬 수 있는 제품을 제공하기만 하면 저절로 거래가 성립되기 때문이다. 이 사례 속에 등장하는 모두의 상식은 바로 꼭지 덩굴이 있는 수박이 더 신선할 거라는 생각이다.

판매자와 소비자의 생각은 같을 수 없다. 판매자는 '원가+이윤'을 고려하고, 소비자는 '용도+기대치'를 따진다. 여기서 '수박의 꼭지 덩굴'은 고객에게 별도의 부가가치라고 할 수 있다. 이 이치에 정통한 경영자라면 수박을 딸 때 덩굴을 일부러 남겨둘 것이다. 애플사의 로고만 봐도 미루어 짐작할 수 있듯이, 잡스가 사과를 따서 팔려고 했다면 분명 딸 때부터 사과에 이파리 하나씩을 남겨두었을 것이다.

부가가치는 수박의 꼭지 덩굴에만 한정되지 않으며 사과 하나, 선물 하나, 사후 서비스, 신용도 등으로 확대할 수 있다. 예를 들어 어떤 꽃가게에서 포장지 1장당 1달러를 받는다고 명시해두었다. 그런데 계산을 할 때 점원이 '포장지는 특별히 서비스로 그냥 드릴게요'라고 말했다. 이 꽃가게에 들린 고객을 상대로 조사를 해보니 별것 아닌 것 같지만 이 1달러가 10퍼센트 할인보다 더 고객의 기분을 좋게 만들어주었다는 결과가 나왔다.

소비자는 외형, 포장, 심리적 암시에 의지해 제품을 구매하는 경우가 많다. 그래서 이를 잘 활용하는 것은 똑똑한 사장의 특징이라고 할 수 있다. 암시자는 그 어떤 약속을 할 필요도 없다. 그저 암시를 받은 사람이 그 암시에 따라 선택을 할 뿐이다.

누구나 암시의 영향을 쉽게 받는다. 소비자가 비타민 광고에서 '피로는 만병의 근원'이라는 문구를 봤다면, '요즘 자꾸 피곤한 걸 보면 내가 아픈가?'라는 암시를 받게 될 것이다. 그래서 피로가 느껴지면 광고를 떠올리며 어쩔 수 없이 비타민을 찾게 된다. 어쩌면 소비자는 전혀 피곤하지 않은데도 그저 암시의 영향으로 이런 생각을 하는지도 모른다. 물론 누구나 심리적 방어선이 있기 때문에, 그의 이성과 판단력이 또렷하다면 이런 암시도 소용이 없어진다.

한 영화관에서 영화를 상영하는 도중에 껌 광고를 뜬금없이 끼워 넣었다. 그 광고는 관객조차 의식하지 못할 만큼 아주 짧은 순간에 나타났다가 사라졌지만, 관객의 잠재의식 속에 깊은 인상을 남기기에는 충분했다. 영화가 끝난 후 관객들이 껌을 사려고 매점에 들렀을 만큼 그 효과는 아주 강력했다. 이것이 바로 소비자의 구매행위를 일으키는 광고의 암시작용이다. 코카콜라도 이런 방법을 사용해 영화관 매점의 코카콜라 판매량을 20퍼센트 가까이 끌어올리는 데 성공했다.

그렇다면 어떤 사람들이 암시의 영향을 더 잘 받을까? 조사에 따르면 여성이 남성보다 암시의 영향에 더 취약했다. 그래서 여성을 대상으로 한 상품은 이런 암시효과를 이용하는 경우가 많다. 연령대를 보면 젊은층, 특히 아동층이 암시의 영향을 쉽게 받는다. 한 식품회사에서 아동용 그림책을 사은품으로 증정했다. 겉으로 보기에는 일반 그림책과 별반 다르지 않았다. 그런데 이 그림책은 페이지마다 왼쪽 아래 구석에 무심한 듯 회사 로고가 찍혀 있었다. 이 로고는 아이들의 머릿속에 깊이 각인되었다. 어린 시절의 기억은 아주 강력해서, 이후 아이가 구매행위를 할 때 영향을 끼쳤다. 선물로 증정하는 풍선에 상표를 표시하거나, 동요를 광고에 이용하는 것도 이런 암시효과를 노린 광고라고 할 수 있다.

암시효과는 소프트 마케팅 수단의 일종으로 치밀한 전략적 접근이 필요하다. 일반적으로 암시의 과정은 2단계로 나뉜다. 먼저 고객이 생각을 떠올리게 만들고, 그 다음엔 행동으로 옮기게 이끈다.

그러기 위해서는 상품이나 사람별로 그 특성을 겨냥해 서로 다른 전략을 짜야 한다. 한때 명령식 암시가 유행한 적이 있었다. 이 전략은 내용과 목적을 소비자에게 직접적으로 전달해 당장 행동하도록 압박하는 효과가 있다. 예를 들어 창고 대방출, 수량한정, 선착순 구매, 새해맞이 폭탄세일, 업계 최저가격, 노마진 등의 광고카피 등이 여기에 해당된다. 명령식 암시전략은 문장이 간단명료해 눈과 귀에 쏙쏙 들어와 박혀야 한다. 소비자는 왜 바겐세일을 하고, 손해를 감수하며 박리다매를 하는지 속속들이 따져볼 만큼 한가하지 않다. 그래서 이런 암시는 조건반사적으로 소비자의 강렬한 구매욕을 불러일으킨다.

고객이 거부하는 이유는
모두 다르다

 사람마다 거부의 이유는 다를 수밖에 없습니다. 고객의 심리를 간파하지 못하면 제대로 된 대응을 할 수 없으니, 이는 백전백패의 결과로 이어지게 마련입니다. 특히 사장은 직원들이 고객의 거부에 민감하게 대응하도록 이끌어야 하는데요, 당신은 그 심리를 제대로 파악하고 있습니까?

경영자의 역할은 고객과 직접 대면하거나 상대하는 직원들이 고객의 성향에 맞춰 대처할 수 있도록 환경과 조건을 만드는 것이다. 여기서 고객이란 제품이나 서비스를 구매하는 소비자부터 거래를 성사시켜야 하는 다른 회사의 임직원까지, 다양한 사람을 포함한다. 그럼 심리학자들이 분류한 고객 유형과 적절한 대응법을 참고하도록 하자.

1. 꼼꼼히 따지는 완벽주의 스타일

이런 유형의 고객은 성격이 강하고 일처리나 생각이 치밀하며 결단을 내릴 때 늘 신중하다. 그들은 직원의 논리적이지 않은 어설픈 말이나 행동에 거부감을 보인다. 꼼꼼히 따지는 완벽주의 스타일을 상대할 때는 원리원칙에 따라 논리적으로 말하고 행동해야 한다. 프로다운 모습을 보이고, 특히 시간관념이 철저해야 한다. 또한 처음 만나면 다가가기 쉽지 않기 때문에 말의 수위를 조절할 필요가 있다.

2. 과묵한 스타일

이런 고객은 침묵하거나 말을 아끼며 직원을 차갑게 대한다. 고객이 침묵하는 이유는 아주 다양하기 때문에, 직원의 언변술이 뛰어나지 않으면 그 분위기를 깨기 힘들다.

과묵한 스타일의 고객을 상대할 때는 비교적 간단한 화젯거리를 꺼내 흥미를 유도하고 대화의 물꼬를 트는 것이 좋다. 만약 고객이 제품에 대해 잘 모르고 흥미조차 별로 없다면 기술적인 문제부터 접근하는 것은 절대 피해야 한다. 이럴 때는 그 기능에 대해 쉽게 설명하며 침묵을 깨는 것이 중요하다. 고객이 고려해야 할 문제가 너무 많아 침묵하면 잠시 생각할 시간을 준 후 상대가 궁금한 점을 말하도록 유도한다. 만약 고객이 직원이 싫어서 침묵하는 거라면 그는 자신의 문제점을 고민해봐야 한다. 그 자리에서 해결할 수 있는 문제라면 신속히 조정을 하고, 해결이 쉽지 않은 문제라면 일단 시간을 가진 후 다시 말하는 것이 좋다.

3. 허세를 부리는 스타일

이런 고객은 자신을 드러내기 좋아하고 남이 권하는 말을 귀담아 들으려

하지 않는다. 성격이 제멋대로이고 비교적 질투심이 강하다. 허세를 부리는 스타일을 상대할 때는 상대가 익숙하고 흥미로워하는 화제를 꺼내 자신의 지식을 맘껏 뽐낼 수 있는 기회를 주어야 한다. 그 과정에서 함부로 반박을 하거나 말을 끊어서는 안 된다. 직원은 상대방보다 두드러져 보여서는 안 되며, 지나치게 설득을 강요하는 인상을 주지 않도록 한다.

4. 내향적인 스타일

이런 고객은 낯선 사람에게 상당히 거리감을 느낀다. 그는 자신의 작은 세상 속에서 일어나는 변화에 민감한 대신, 직원에 대한 반응은 미지근하다. 이런 고객을 설득하는 일은 난이도가 상당히 높은 편이다. 그들은 선택기준이 까다롭고, 직원의 태도, 말, 행동에 민감하게 반응하기 때문이다. 만약 직원이 과도한 열정을 보인다면 그들 중 대다수가 자신의 성격과 완전히 다른 그에게 거부감을 느낄 것이다.

내향적인 스타일을 상대할 때 주의할 것은 첫인상이다. 직원의 첫인상은 그들의 결정에 직접적인 영향을 미친다. 또한 이런 스타일의 고객을 만날 때는 그들의 관심 분야나 취미에 주목해야 한다.

5. 호전적인 스타일

이런 고객은 승부욕이 강하고 고집이 세며 사물에 대한 판단이 독단적인 편이다. 또한 자신의 생각을 타인에게 강요하기를 좋아한다. 그들은 어떤 일이든 직접 나서서 하는 습관이 있고, 특히 사소한 부분이라도 확실히 이해가 될 때까지 논쟁을 벌일 만큼 집요하다.

호전적인 스타일을 상대할 때는 그가 몰아붙일 것에 대비해 마음의 준비를 하고, 필요하다면 체면도 버릴 줄 알아야 일이 수월해진다. 그 과정에서 억울해할 필요는 없다. 결국 최후의 승자는 거래를 성사시킨 자이기 때문이다. 그러니 한순간의 통쾌함을 위해 기분대로 일을 처리하지 않도록 주의한다. 충분한 데이터와 자료도 거래성사에 도움이 된다. 또한 상대방이 지나친 요구를 하지 못하도록 여지를 남기지 않는다.

6. 사교적 스타일

이런 고객은 전반적으로 성격이 밝고 심리적 방어선이 비교적 약한 편이며, 낯선 사람에 대한 경계심이 그다지 강하지 않다. 대체적으로 직원의 말을 잘 받아주기 때문에 분위기가 어색해질 일도 거의 없고, 직접적인 거절을 좋아하지 않기 때문에 직원에게 반감을 드러내지 않는 편이다.

사교적 스타일을 상대할 때는 유머나 재치가 생각지도 못한 효과를 가져다줄 수 있다. 그들은 상대가 마음에 들면 더 적극적으로 나서서 도움을 주기도 한다. 하지만 이런 고객은 자신의 약속을 쉽게 잊기도 하므로 특별히 주의해야 한다.

7. 완고한 스타일

이런 고객은 대부분 노년층이거나 어느 정도 사회적 위치가 높은 사람이 많다. 이들은 특별히 선호하는 것이 딱 정해져 있는 고객이기도 하다. 그들은 신제품을 그다지 선호하지 않고, 기존의 소비방식을 함부로 바꾸려 들지도 않는다. 직원에 대한 태도도 대부분 우호적이지 않다.

완고한 스타일을 상대할 때는 섣부른 말재주로 단시간에 그들의 생각을 바꾸려 들지 말아야 한다. 그런 식으로 접근하면 도리어 그들의 감정을 상하게 할 수 있다. 차라리 손에 쥐고 있는 자료와 데이터를 무기로 그들을 설득하는 편이 낫다. 일단 상대가 노선을 확실히 정하고 나면 그것을 바꾸기가 정말 쉽지 않으므로, 먼저 기선을 제압하고 거절할 틈을 주지 않는 것이 중요하다.

8. 신경질적인 스타일

이런 고객은 외부세계와 사물에 대한 반응이 민감하고, 쉽게 넘어가는 일이 거의 없다. 흥분을 잘하는 만큼 자신의 결정을 쉽게 후회하는 편이고, 사소한 것도 마음속에 담아두곤 한다.

신경질적인 스타일을 상대할 때는 조급해하지 말고 인내심을 가져야 하며, 말을 신중하게 해야 한다. 그들 앞에서 직장동료나 다른 고객과 사적인 대화를 나누기라도 하면 반감을 일으키기 쉽다. 만약 당신이 그들의 감정변화를 간파하고, 적절한 시기에 자신의 생각을 전달할 수 있다면 거래의 성공확률이 훨씬 커질 수 있다.

9. 의심 많은 스타일

이런 고객은 제품은 물론 직원의 인격까지 의심을 하기 쉽다. 그러므로 이들을 상대할 때는 자신감이 특히 중요하다. 절대 고객의 영향을 받아서는 안 되고, 제품과 회사에 대한 확신이 서 있어야 한다. 단순히 말재간으로 승부를 보려 하면 낭패를 보기 쉽다. 고객은 그 말에도 의심을 품기 때문이다. 이럴 때 객관적인 데이터와 전문가의 평가를 제시하면 그런 의심을 거두는 데 도움이 된다. 또 하나 명심해야 할 점은 함부로 가격적 양보를 해서는 안 된다는 것이다. 그 순간 고객은 제품에 대해 더 큰 의심을 품기 마련이다. 신뢰를 얻는 것이 무엇보다 중요하므로 단정한 외모와 신중한 태도도 필요하다.

> **❓ 심알못 사장을 위한 한마디**
>
> 직원이 고객의 심리적 특성을 정확히 파악한다면, 좀 더 효율적으로 설득하는 일이 가능해진다. 그러니 어떻게 해야 고객의 신뢰를 얻을 수 있을지부터 고민해야 한다. 고객은 언제라도 이런 식으로 말할 수 있다는 것을 기억하자. "꼭 오늘 해야 하는 건 아니잖아요?"
> 이를 위해 사장은 직원들이 고객의 심리적 특징을 이해하고 그 분석을 토대로 대응 전략을 구사할 수 있도록 지속적인 노력을 기울여야 한다.

방관자효과를
벗어나게 만드는 법

 개체의 반응이 혼자일 때와 여럿이 있을 때 다르게 나타나는 현상을
심리학에서는 '방관자효과'라고 부릅니다. 예를 들어 길가에 쓰러진
사람을 봤다고 합시다. 주변에 아무도 없다면 바로 119를 부르고 신고를
하겠지만, 주변에 사람이 많이 있다면 그중 누군가가 할 거라 생각하고
지나치게 됩니다. 이런 맥락에서 사장은 고객 역시 혼자 있을 때와 군중
속에 섞여있을 때 다른 모습을 보일 수 있다는 점을 유념해야 합니다.

여러 사람이 함께 있으면 내가 아니더라도 누군가 나서서 할 거라는
생각을 가지기 쉽다. 그래서 행동으로 옮기지 않는 사람이 많아지
고, 행동으로 옮기더라도 훨씬 긴 시간이 걸린다. 이런 방관자 심리
는 수많은 경영관리 현상을 설명하는 데도 응용될 수 있다.

만약 당신이 이메일을 통해 설문조사를 하고 싶다면 단체메일이
아니라 개별메일을 보내야 더 효과적이다. 한번에 단체 메일을 보내
면 다들 내가 아니라도 누군가 답장을 보낼 거라고 생각하며 이 메
일을 무시해버릴 수 있다.

회사에서 회의를 할 때도 방관자효과는 아주 흔하게 발생한다. 상
사가 직원들에게 의견을 말해보라고 할 때마다 왜 항상 먼저 나서는

사람이 없고, 다들 서로의 눈치를 보는 걸까? 그 이유는 간단하다. 아무도 먼저 입을 열지 않기 때문이다. 회의가 시작될 즈음에는 다들 별말 없이 있다가 끝날 때가 다가오자 적극적으로 의견을 피력하며 열띤 분위기로 변하는 것을 흔히 볼 수 있다. 이것은 누군가 먼저 나서서 말을 꺼냈기 때문이다.

업무현장에서도 마찬가지다. 회사 측은 직원들이 건의사항을 좀 더 편하게 얘기할 수 있도록 '건의노트'를 특별히 마련하고, 편의를 위해 볼펜까지 달아두었다. 그런데 일주일이 지나도록 그 노트를 펼치는 사람이 1명도 없었다. 설마 직원들에게 불만이 하나도 없어서 그랬을까? 다들 회사에 만족하는 걸까? 그럼 왜 다들 회의에서 이런 저런 불만을 제기했던 걸까? 그 이유는 아주 간단하다. 단지 먼저 나서는 사람이 아무도 없어서 다들 방관자가 되어 때를 기다렸을 뿐이다.

어떤 제품 앞에 사람들이 모여있다고 해서 그들이 반드시 구매자라고 볼 수 없다. 하지만 그것만으로도 아주 장사가 잘되고 있다는 거짓 이미지를 심어주기에 충분하다. 그들에게 구매의지가 전혀 없는 것은 아니다. 만약 그들이 혼자서 그 제품을 보고 있었다면 금세 구매하기로 결정했을지도 모른다. 그러나 사람이 많아지면 다들 관망하며 선뜻 나서서 먼저 구매하려 들지 않는다. 그러다 마지막까지 구매하는 사람이 1명도 없고, 하나둘씩 자리를 뜨기 시작하면 다들 구매를 단념한 채 뿔뿔이 흩어질 가능성도 다분하다.

한창 판촉행사 중인 휴대폰 대리점에서 한 제품에 대해 특별할인 행사를 진행했다. 이 판촉행사는 소비자들의 호기심을 자극하기에 충분했고 대리점 안은 금세 손님들로 북적였다. 하지만 1시간이 넘도록 이 휴대폰을 구매하는 사람이 단 1명도 없었다.

대체 이유가 뭘까? 구경을 하던 고객 중 몇 명은 원래 구매를 염두에 두고 왔지만, 실제로 보니 생각했던 것과 달라 고민이 길어졌다고 말했다. 고객의 진짜 관심사는 휴대폰 품질과 가격 등의 문제였지만 대리점 직원 중 누구도 그 궁금증을 해소시켜주지 않았다. 게다가 선택의 폭도 너무 좁았다. 그런데 다들 구경만 하고 구매를 하지 않는 걸 보니 굳이 구매할 이유가 없었다는 것이다.

이처럼 방관자효과는 매우 광범위하게 나타난다. 구경하는 사람만 많고 실제 구매자가 적다는 것은 환영할 만한 일이 아니므로, 이를 적절히 이용해서 타개할 방법을 고민해야 한다.

❓ 심알못 사장을 위한 한마디

모두가 방관자일 때 누군가 나서서 제품을 구매하고 좋은 평가를 한다면, 이는 긍정적인 입소문으로 이어질 수 있다. 방관자효과를 역으로 잘 이용하려면, 사장은 다음 3가지를 충족시키는 일에 먼저 주목해야 한다.

첫째, 제품의 품질은 매우 중요한 요소다. 제품의 품질이 떨어지면 사겠다고 나서는 사람이 적을 수밖에 없다.

물론 소비자라면 누구나 싼 물건을 선호하지만 그보다 앞서 품질을 더 중요하게 생각한다. 그러니 겉만 그럴싸하고 속은 형편없는 제품으로 눈속임을 하려고 들어서는 안 된다.

둘째, 자신의 제품을 광고할 때 진실을 왜곡해서는 안 된다. 고객은 광고의 내용과 실제 제품이 다르다고 느끼는 순간 구매욕을 상실한다. 당신이 고객의 머리 꼭대기에 앉아있다고 자만해서는 안 된다. 한 사람이라도 그 속임수를 알아챘다면 이미 모든 사람이 알고 있다고 해도 무방하다.

셋째, 서비스 태도가 좋아야 한다. 설사 고객이 물건을 구매하지 않는다고 해서 홀대하고 무시해서는 안 된다. 성실하고 친절한 태도는 좋은 인상을 줄 수 있고, 그것이 다음 거래로 이어질 수 있기 때문이다. 또한 그를 통해 다른 고객을 소개받을 수도 있으니 늘 진심으로 고객을 대할 수 있어야 한다.

거래를 성사시키는
말의 위력

말을 잘하는 능력은 거래를 성사시키는 데 꼭 필요한 조건입니다. 데일 카네기는 한 사람이 성공을 거두는 요인 중 15퍼센트는 지식과 기술이고, 그 나머지 85퍼센트는 자신의 의견을 전달하는 능력과 타인의 열정을 끌어내는 능력에 달려있다고 말했죠. 이렇게 말 한마디 한마디가 중요한 세상에서, 당신의 직원은 어느 정도의 대화능력을 가지고 있습니까?

한 백화점 사장이 판매사원을 모집하기로 했다. 그는 이력서를 낸 응시자들 중 몇 명을 추려내서 하루 동안 현장투입을 시키고, 그 결과에 따라 최종 합격자를 결정하기로 했다. 그날 저녁, 사장은 응시자들을 면담하면서 거래를 몇 건이나 성사시켰는지 물었다. 그중 한 젊은이가 답했다.

"한 건입니다."

사장은 무척 실망스러웠다. 다른 응시자들이 1인당 평균 7~8건의 거래를 한 것에 비하면 너무나 형편없는 실적이었다. 사장은 그가 판매사원으로 자격미달이라고 생각하며 무시하듯 물었다.

"그래서 그 거래가 얼마짜리였나?"

"30만 달러입니다."

사장은 젊은이의 대답에 놀라 순간 눈이 휘둥그레졌다. 그는 얼른 정신을 차리고 믿을 수 없다는 듯 재차 물었다.

"30만 달러? 대체 뭘 팔았기에 거래 한 건에 그런 매출을 올릴 수 있었지?"

"그게 어떻게 된 거냐면…."

젊은이가 그때 상황을 설명하기 시작했다.

"한 신사 분께서 낚시바늘이 필요했는데 낚시를 시작한 지 얼마 안 되는 초보자라 뭐가 좋은지 잘 모르셨습니다. 얘기를 나누다 보니 여가를 즐길 시간과 경제력도 충분한데다 낚시에 관심이 무척 많은 분이라는 생각이 들더군요. 그래서 바다낚시와 강낚시에 사용하는 도구가 다르다고 말씀 드렸습니다. 그랬더니 그분께서 대, 중, 소 3종의 낚싯바늘과 낚싯줄을 구입하시고, 추가로 낚싯대, 어롱, 선글라스, 파라솔도 사겠다고 하셨습니다. 제가 어디로 낚시를 가고 싶으시냐고 물었더니 바닷가로 가고 싶다고 하시더군요. 그래서 낚싯배를 구입하는 것도 좋다고 제안을 드리고 우리 백화점에 입점해있는 낚싯배 판매업체로 안내해 엔진이 2개 달린 20피트짜리 요트를 팔았습니다."

사장은 그의 말을 들으면서도 믿기지 않았다.

"그 다음에는 어떻게 했나?"

젊은이가 계속 말을 이어갔다.

"그분 자동차로는 그 요트를 끌고 다닐 수 없다고 하셔서 백화점 안에 있는 자동차 영업소로 모시고 가서 최고급 지프차를 팔았습니다. 경제적으로 여유가 있으신 분이라 그런지 취미생활을 위해 꼭 필요한 물건을 사는 데 주저함이 없으셨습니다."

사장은 자신의 귀를 의심했다.

"도대체 어떻게 설득했기에 고작 낚싯바늘을 사러온 손님이 그렇게 값비싼 물건을 한꺼번에 사들일 수 있단 말인가?"

젊은이가 웃으며 말했다.

"아닙니다, 사장님. 그분은 이 앞을 지나가다가 내일 비가 오는지 물어보시려고 잠깐 들리셨을 뿐입니다. 제가 내일은 화창한 주말이라 낚시나 하러 가시면 딱 좋을 것 같다고 말씀드렸는데, 다행히 그분이 관심을 보이셔서 필요한 제품을 하나하나 소개해 드리게 됐습니다."

이 젊은이의 성공비결은 2가지로 나눌 수 있다. 첫째, 기회를 예리하게 포착해내는 판단력과 순발력이다. 둘째, 뛰어난 말솜씨다. 그날 다른 사람들은 7개 혹은 그 이상의 주문을 성사시켰지만 그저 찾아온 고객을 수동적으로 응대하느라 그 안에 잠재된 엄청난 기회를 포착하지 못했다.

30만 달러의 제품을 사들인 남성은 단지 길을 가다 날씨를 물어보기 위해 그 백화점에 들어갔을 뿐이다. 그런데 이 젊은이는 그에게서 풍기는 잠재된 소비에너지와 소비욕구를 한눈에 알아봤다. 그의 옷과 신발은 모두 고급스러운 명품이었고, 행동과 말투도 상당히 기품이 있어 보였다. 그것만 봐도 그가 경제적으로 상당한 소비능력을 갖춘 사람이라는 것을 미루어 짐작할 수 있었다. 그가 날씨를 물어봤다는 것은 다음날 어딘가로 떠나고 싶다는 의미기도 했다. 그러나 어디로 갈지 아직 정하지 못했고, 그것만 정해지면 필요한 모든 것을 구입할 만큼 소비욕구도 강해보였다. 그는 자신이 낚시 초보자라고 말하며 낚시에 필요한 설비를 아직 구입하지 않았다고 말했다. 이것이야말로 물건을 팔 수 있는 절호의 기회였다. 그는 바다낚시를 가고 싶다고 했고, 그렇다면 그의 사회적, 경제적 지위와 어울리는 요트나 범선이 필요할 수밖에 없었다. 그리고 그것을 옮기는데 필요한 차도 구입해야 했다.

이 모든 것은 당신에게 이런 기회를 포착하고 잡을 만한 능력이 있었을 때 가능한 얘기다. 이를 위해서는 고객을 분석하고 심도 깊게 교류할 수 있는 자질이 필요하다.

제품의 판매과정에서 늘 염두에 둬야 할 부분은 바로 더 많은 거래로 이어질 수 있는 가능성을 포착하는 것이다. 이런 잠재고객을 만나고도 아무 생각 없이 대하거나, 고객의 수요에 관심을 두지 못한 채 그저 '예보를 보니 내일은 날씨가 좋다고 하네요'라고 무심하게 대답한다면 돌아오는 것은 감사의 마음을 담은 미소밖에 없을 것이다. 그가 뒤돌아 문으로 걸어나가는 순간 30만 달러짜리 거래도 사라지고 만다.

거래성사는 판매의 최종 목표다. 그 목표를 위해서라면 반드시 고객의 마음을 움직여 계산을 하고 금액을 지불하게 만들어야 한다. 판매는 거래성사를 위한 사전작업이고, 거래성사가 이루어지지 못하면 판매도 아무 의미가 없다.

뛰어난 언변술은 허풍을 치는 것과 다른 의미. 직원의 말에는 진심이 담겨야 하고, 늘 고객의 취향에 맞춰 겉옷을 바꿔 입을 줄 알아야 한다. 그래야 고객의 주머니에서 돈이 나오게 만들 수 있고, 고객 역시 원하던 거래를 이룰 수 있다. 그런 의미에서 말은 생산력이다. 어떤 사람에게 어떤 말을 하느냐에 따라 그의 구매력이 달라질 수 있기 때문이다.

판매나 계약의 모든 과정에는 어쩔 수 없이 말이 관여하게 되어있다. 말 한마디에 거래의 성공여부가 결정된다. 한마디로 모든 거래는 치열한 외교활동과 다를 바 없다. 그러니 사장은 직원이 고객과 소통할 때 한마디라도 더 건넬 수 있는 기회가 보이면 절대 무심코 흘려보내지 않도록 교육해야 한다. 또한 고객의 배경(구매능력), 목적(구매욕), 구매조건(원하는 사항과 가격)에 대해 확실하게 파악하도록 이끌어야 한다.

고객의 마음을
객관적으로 들여다보기

 마케팅은 '고객중심' 즉, 고객의 수요를 중심으로 이루어져야 합니다. 만약 당신의 직원이 고객의 욕구를 면밀히 파악하지 못하면 거래는 성사될 수 없을 테고, 이는 회사의 손실로 이어질 수밖에 없습니다. 그렇다면 어떻게 해야 고객의 진짜 속내를 간파할 수 있을까요?

여러 해 동안 요식업에 종사해온 장 사장은 프랜차이즈 일식 레스토랑을 차리기로 했다. 개업을 하기 전, 일본 레스토랑 본사에서 직원 교육을 위해 야마모토 이치키라는 직원을 파견했다. 과연 그는 유능한 교육 담당자답게 열흘 동안 노련하고 철두철미하게 교육을 진행했다. 그는 레스토랑의 서비스 취지와 각종 원리원칙들을 교육했고, 음식재료의 정확한 배합비율에 대해서도 알려주었다. 장 사장도 그의 철저한 교육이 무척 마음에 들었다.

교육이 끝난 후 장 사장은 감사한 마음을 표시하기 위해 식사 대접을 하고 싶다고 말했다. 그러자 그가 대답했다.

"그럼 우리 레스토랑에서 먹도록 하죠. 가장 중요한 수업을 마무리 짓기에 딱 좋을 것 같습니다."

장 사장은 깜짝 놀라며 속으로 생각을 했다. '교육이 다 끝난 거 아니었나? 왜 또 가장 중요한 수업이 남았다고 하는 거지?'

장 사장과 야마모토 이치키는 테이블에 마주 앉았다. 장 사장이 잔을 들며 말했다.

"이치키 씨, 그동안 정말 수고가 많으셨습니다. 오늘은 제가 대접하는 것이니 사양 말고 맘껏 드세요."

그런데 야마모토 이치키는 음식을 시키지 않고 모든 직원을 홀로 집합시켰다. 그리고 미소를 지으며 그들에게 말했다.

"열흘 동안 쉽지 않은 과정이었을 텐데도 저를 도와주고 잘 따라줘서 정말 감사합니다. 여러분이 제게 좋은 추억을 남겨주셔서 더 감사했습니다."

야마모토 이치키는 직원 한 명 한 명에게 허리를 굽혀 일일이 인사를 한 후 말했다.

"마지막으로 제가 여러분에게 질문을 하나 하겠습니다. 여기 계신 여러분 중에서 오늘 제 기분이 어떤지 맞출 수 있는 분이 계신가요?"

직원들은 약속이라도 한 듯 오늘 그의 기분이 아주 좋아 보인다고 말했다.

"이곳에서 맡은 일을 잘 마무리하셨으니 당연히 기분이 좋으실 겁니다."

"이제 곧 일본으로 돌아가 가족들을 만나게 되니 당연히 기분이 좋으시겠죠."

"저희에게 많은 지식을 알려주었고, 또 여기서 많은 것을 배워가시니 당연히 기분이 좋으실 겁니다."

야마모토 이치키는 직원들과 일일이 악수를 한 후 말했다.

"오늘 제 기분을 알려드리자면 그리 좋지 않습니다."

그곳에 있던 사람들은 도통 이해가 되지 않았다. 그의 표정과 말투만 보면 당연히 기분이 좋아 보였기 때문이다.

"지금 저는 여러분과 헤어져 일본으로 돌아가려니 너무 슬프군요."

야마모토 이치키의 목소리에는 진한 아쉬움이 배어났다.

"유감스럽게도 제 마음을 제대로 맞추신 분이 하나도 없군요. 마지막으로 여러분에게 꼭 드리고 싶은 말은 절대 자신의 생각으로 고객의 기분을 추측하지 말아야 한다는 겁니다. 여러분은 고객이 아니라는 걸 명심하십시오. 이것이 제가 이곳에서 하는 마지막 수업입니다."

고객과 소통을 할 때 고객의 표정, 안색, 말로 그의 진짜 속마음을 판단해서는 절대 안 된다. 이런 외적인 요인들은 보통 허상인 경우가 많아서 늘 우리의 눈을 속이기 때문이다. 직원은 진실한 마음으로 고객에게 다가가 고객이 마음을 열고 자신의 진심을 꺼내 보일 수 있도록 만들 줄 알아야 한다. 고객의 진심을 꿰뚫어보지 못한 상태에서 맹목적으로 추측하거나 고객도 자신과 똑같은 생각일 거라고 속단하면 안 된다. 잘못된 추측은 고객과의 사이를 멀어지게 하고, 더 나아가 거래를 성사시킬 수 있는 기회마저 빼앗아간다. 심지어 제대로 존중을 받지 못했다고 여겨 거부감 또는 소외감을 느낄 수도 있다.

누구에게나 속마음을 털어놓고 싶은 욕망이 있다. 특히 기분이 안 좋거나 우울할 때면, 누군가에게 그 감정을 쏟아내고 이해받고 싶어진다. 그러나 경청을 하는 사람들 대다수가 상대의 마음 깊숙이 들어가지 못한 채 자신의 느낌만으로 상대도 그럴 거라고 쉽게 생각해버린다. 이렇게 되면 상대방은 세상에서 자신의 마음을 알아주는 이가 아무도 없다고 생각하게 되고, 부정적 감정의 응어리가 더 커지게 된다.

이 때문에 직원은 고객과의 소통 과정에서 단순한 경청자에 머물러 있어서는 안 된다. 대화에 몰입해 상대의 관점에서 함께 느끼고 문제를 생각할 수 있어야 한다. 그래야 고객의 가장 솔직한 속내를 읽고 기회를 얻을 수 있다.

❓ 심알못 사장을 위한 한마디

직원은 공급자고, 고객은 소비자다. 이것은 그들을 구분 짓은 가장 큰 차이점이다. 직원의 판매능력이 아무리 뛰어나도 고객은 필요하지 않은 물건을 덥석 살만큼 바보가 아니다. 그래서 고객의 수요를 파악하고 만족시키는 것이 영업의 핵심이라 할 수 있다.

고객이 당신 회사의 제품을 사지 않는 것은 그 물건이 필요하지 않아서라기보다 그의 수요를 정확히 간파하지 못했기 때문인 경우가 많다.

고객이 가게로 들어갔다면 그가 걸어 들어간 행위는 단지 표면적 수요일뿐이고, 그가 봉착한 문제는 그의 잠재적 수요다.

고객의 잠재적 수요야말로 그에게 당장 해결해야 할 문제라 할 수 있다. 고객이 봉착한 문제가 심각하거나 급하지 않다면 지갑을 열어 물건을 구매할 리 없다.

그러므로 직원은 고객과 소통을 할 때 그에게 도움이 되는 존재라는 인식과 **좋은 인상**을 남겨야 할 뿐 아니라, 면밀한 통찰력으로 최단 시간 내에 그의 진정한 수요를 알아내야 한다. 그렇게 고객의 심리적 욕구를 파악하고, 그에게 필요한 제품으로 관심을 유도하며, 말로써 그의 마음을 움직여 최종적으로 거래를 성사시킬 수 있어야 한다. 이렇게 고객의 마음속 세계는 상당히 은밀해서 자신의 수요를 자연스럽게 드러낼 때까지 충분한 시간을 필요로 한다.

PSYCHOLOGY FOR THE BOSS

사장이 인간관계를 맺을 때
알아야 할 심리원칙

벤자민 프랭클린은 성공의 필수 아이템이 좋은 인연이라고 말했다. 그만큼 인맥관리
는 사장의 중요한 능력 중 하나이며, 평소 쌓아온 사회적 인맥은 결정적인 순간 영향
력을 발휘한다.

게다가 많은 사장들이 일에 몰두하고 회사 경영에 치우치다가 주변의 소중한 사람
들을 잃는 경우가 많다. 하지만 사장도 한 명의 인간이기에 자신의 마음을 이해해줄
사람이 필요하다. 그런 의미에서 이 장은 성공적인 인간관계를 맺기 위해 알아야 할
여러 지혜를 전하고자 한다.

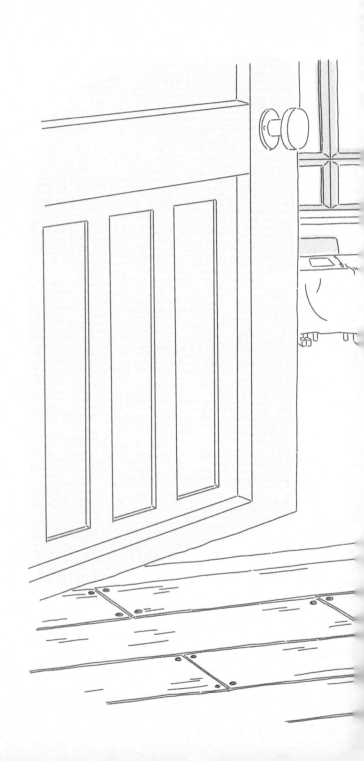

만남 : 사장의 첫인상은
어때야 좋을까

 누구나 알다시피 사람을 사귈 때 첫인상은 아주 중요합니다. 첫인상이
항상 정확히 맞는 것은 아니지만 가장 선명한 기억으로 남을 뿐 아니라
쌍방의 교류를 결정짓는 데 중요한 역할을 하죠. 그렇다면 어떻게 해야
좋은 첫인상을 남길 수 있을까요?

포드자동차의 창업자 헨리 포드는 젊은 시절에 조건이 매우 까다로
운 회사에 지원을 했고, 운 좋게 면접까지 갈 수 있었다. 막 면접실로
들어서려는데 바닥에 떨어진 휴지가 포드의 눈에 들어왔다. 포드는
당연하다는 듯 허리를 굽혀 휴지를 주운 뒤 휴지통에 버렸다.

면접이 끝나자 면접관이었던 사장이 그를 불러 세우더니 이렇게
말했다.

"합격을 축하하네. 회사연수과정을 밟고 곧바로 출근하도록 하
게."

포드는 마치 환청이라도 들은 듯 자신의 귀를 의심했다. 이번 면
접에 참가한 지원자들은 전부 뛰어난 인재들이었고, 경험과 능력 면

에서 그보다 잘난 지원자들이 수두룩했다.

사장은 그런 그의 마음을 읽은 듯 웃으며 이렇게 말해주었다.

"비록 자네의 능력이 응시자들 가운데서 최고는 아니었지만 이번 면접에서 오직 자네만이 가장 중요한 관문을 통과했네. 아까 문 앞에 떨어져 있던 휴지 기억하나? 그건 자네들을 테스트하기 위해서 내가 일부로 가져다둔 것이었네."

포드와 함께 면접을 봤던 지원자 중에 문 앞에 있던 그 휴지를 보지 못했던 사람은 아무도 없었다. 그들에게도 그 휴지를 주워 휴지통에 버릴 기회는 얼마든지 있었다. 다만 그들은 모두 이 사소하고 자질구레한 일을 굳이 할 필요를 느끼지 못했을 뿐이다. 바로 그 때문에 그들은 회사에 들어갈 기회를 놓치고 말았다. 어쩌면 이런 식으로 중요한 기회를 놓친 적이 이번만은 아니었을지도 모른다.

포드는 행운이라고 할 수 있다. 그는 자신의 습관 덕에 면접관에게 좋은 '첫인상'을 남길 수 있었다. 이 회사의 사장은 '첫인상'을 중요하게 생각했고, 그것이 인재를 판단하는 기준이었다. 물론 포드와 같은 인재를 얻었으니 이 회사 역시 행운을 잡은 셈이다.

누군가 이런 테스트를 했다. 그는 학생 2명에게 30개의 문제 중 절반의 답을 맞히라고 주문했다. 학생 A에게는 앞에서부터 15문제의 답을 알려주었고, 학생 B에게는 뒷부분 15문제의 답을 알려주었다. 테스트를 마친 후 사람들에게 두 학생의 시험결과를 보여주며 누가 더 똑똑해 보이는지 평가해달라고 했다. 그러자 대부분의 사람이 학생 A가 더 똑똑해 보인다고 대답했다.

1957년 미국 심리학자 루친스가 실험을 하나 진행했다. 그는 가상의 인물 브라운을 묘사한 4개의 짧은 문장을 만들었다. 첫 번째 문장에는 그를 활달하고 사교적인 사람이라고 표현했다. 두 번째 문장에서는 활달하고 우호적이지만 괴팍하고 독선적이라고 썼다. 세 번째 문장에는 두 번째와 정반대로 괴팍하고 독선적이지만 활달하고 우호적이라고 썼다. 네 번째 문장에는 그를 괴팍하고 독선적인 사람이라고 표현했다. 그런 후 그는 4개 조의 피실험자에게 이 4개의 문장을 읽게 하고 브라운이 사교적인 사람인지 여부를 평가해달라고 했다.

연구결과, 표현의 위치가 판단의 매우 중요한 척도가 되었다. 피실험자들 중 브라운의 사교적인 면이 전반부에 표현된 문장을 본 사람들은 78퍼센트가 그를 사교적이라고 평가했다. 반대로 브라운의 사교적인 면이 후반부에 표현된 문장을 본 사람들 중 그를 사교적이라고 평가한 비율은 고작 18퍼센트에 불과했다.

똑같은 내용을 말의 순서만 바꿔서 표현했을 뿐인데, 완전히 다른 결과가 나타난 것이다. 이 실험의 핵심은 보여주는 정보의 순서가 사람들의 관점과 생각을 바꿀 수 있다는 것인데, 이것이 바로 심리학에서 말하는 '초두효과(Primacy Effect)'다. 초두효과란 개체가 사회인지를 하는 과정에서 '첫인상'처럼 가장 먼저 입력된 정보의 영향을 강하게 받는 현상을 말한다.

본질적으로 보자면 초두효과는 일종의 우선효과라 할 수 있다. 다양한 정보가 결합되어 있을 때 사람들은 가장 먼저 접한 정보에 주목하는 경향이 있다. 설사 사람들이 나중에 알게 된 정보에 관심을 가진다고 해도, 그 정보가 본질이 아니라 가끔 보이는 현상이라고 느끼게 된다. 그래서 앞에 나온 정보에 따라 뒤에 나온 정보를 해석한다. 심지어 앞뒤 정보가 일치하지 않을 경우, 앞에 나온 정보를 바탕으로 전체적인 인상을 단정짓게 된다.

초두효과가 나타나는 이유에 대해 이론적으로 다양한 해석이 존재한다. 그중 하나는 가장 먼저 받아들인 정보가 만들어내는 최초 인상이 뇌 속의 핵심지식 혹은 기억의 도면을 만든다는 것이다. 뒤에 주입된 다른 정보는 이 기억의 도면 속에 통합되는 내용에 불과하다. 다시 말해서 가장 먼저 입력된 정보가 기억구조를 형성해버리면, 뒤에 접하는 정보는 그 속에 동화되어 버린다. 그래서 먼저 입력된 정보의 속성 속에 묻히게 된다.

또 다른 해석은 주의 메커니즘(Attention Mechanism) 원리를 근거로 한다. 이 원리에 따르면 가장 먼저 받아들인 정보는 더 많은 주의력이 집중되며, 상대적으로 정보의 가공이 정교하게 이루어진다. 반면에 뒤에 이어지는 정보는 소홀히 다루기 쉽고, 정보의 가공이 조악해진다. 요컨대 초두효과를 낳는 내재적 원인은 바로 대뇌의 정보처리 특징에 있다는 것이다.

어쨌거나 초두효과는 사람이라면 누구나 겪게 되는 보편적 현상이라 할 수 있다. 예를 들어 사람들의 머릿속에 저장된 첫인상은 그 후로도 깊은 인상을 남기게 되며, 그 기억은 시간이 지난다고 해서 쉽게 지워지지 않는다. 그래서 사람들은 누군가를 처음 만날 때 좋은 첫인상을 남기는 데 신경을 쓸 수밖에 없다.

물론 첫인상이 완전히 맞아떨어지는 것은 결코 아니다. 좋은 첫인상은 포드에게 성공의 첫 단추였지만, 그의 성공이 첫인상 덕에 이루어진 것은 아니다. 초두효과의 존재는 그에게 성공의 기회를 준 것에 불과하다. 뒤이은 노력과 능력이 없었다면 절대 성공의 길을 걷지 못했을 것이다.

❓ 심알못 사장을 위한 한마디

인간관계에서 우리는 초두효과를 충분히 활용할 수 있다. 우선 적어도 깔끔해 보이도록 겉모습에 신경을 쓰도록 하자. 처음 만난 사이일수록 옷차림이나 외모가 가장 먼저 눈에 들어오는 것은 부정할 수 없는 사실이다. 링컨 대통령의 사례가 이를 단적으로 보여준다.

링컨이 대통령에 당선된 후 새로운 내각을 구성하기 시작했다. 이때 그의 친구가 뛰어난 능력을 가진 인재를 추천했다. 그런데 링컨은 그를 마음에 들어 하지 않았다. 친구가 그 이유를 묻자 링컨은 '얼굴이 마음에 들지 않았네'라고 대답했다. 그러자 친구가 따져 물었다.

"이보게, 얼굴은 타고나는 것인데 그런 이유 때문에 인재를 떨어뜨린다는 게 말이 되는가?"

그러자 링컨이 이렇게 말했다.

"물론 얼굴이야 타고나는 것이겠지. 하지만 누구든 마흔이 넘으면 자기 외모에 책임을 져야 한다고 보네."

링컨은 그 사람의 외모만 본 것이 아니라 그의 얼굴에서 드러나는 마음과 인격을 꿰뚫어보았다. 이처럼 우리는 첫인상을 통해 한 사람의 내면과 외면을 판단하게 된다.

또한 말과 행동에 주의해 타인이 부정적인 시선으로 자신을 평가하지 않도록 해야 한다. 유머러스하고 당당하게 자기표현을 할 줄 안다면 금상첨화가 아닐 수 없다. 이런 사람일수록 좋은 인상을 남기게 되고, 그 사람을 판단하는 데 오래도록 영향을 미친다.

교류 : 최신 정보의
중대한 영향력

 오래 알고 지내던 동료나 친구였지만, 한마디 말 때문에 한순간에 감정이
상해서 등을 돌리는 경우가 종종 있습니다. 그전까지 몰랐는데 어느날
갑자기 '이 사람이 이런 사람이었나?'하는 의문과 회의를 품는 일도
있죠. 분명 괜찮은 관계였는데, 이렇게 급작스럽게 멀어지는 이유는 과연
무엇일까요?

앞서 심리학자 루친스의 초두효과 연구를 통해, 먼저 제공된 정보가
뒤에 나타난 정보보다 사람들의 관점에 훨씬 큰 영향을 끼친다는 이
야기를 한 바 있다. 그러나 그는 여기서 멈추지 않고 실험의 조건을
바꿔 다시 연구를 진행했다.

　루친스는 피실험자에게 첫인상에 현혹되지 말고 전면적 평가를
해달라고 요구했다. 그리고 브라운의 특징에 대해 묘사한 문장을 두
그룹으로 다시 분류해서, 피실험자에게 첫 번째 그룹에 묶인 특징을
보여준 후 다른 일을 끼워넣었다. 예를 들어 숫자계산이나 역사에
관한 이야기처럼, 브라운과 전혀 상관없는 일들을 시킨 후 다시 두
번째 그룹의 특징을 소개했다.

실험결과는 초두효과의 결과와 완전히 상반되었다. 피실험자들은 모두 두 번째 그룹의 특징에 더 깊은 인상을 받았다. 바꿔 말해서 나중에 보여준 정보가 인지에 미치는 영향이 비교적 컸고, 상대적으로 더 깊은 인상을 남겼다. 이런 현상을 '최신효과'라고 부른다.

초두효과와 달리 최신효과는 최신정보를 더 중시하고 이를 근거로 문제를 판단하기 때문에, 그전에 얻은 정보의 참고가치가 확연히 떨어진다. 예를 들어 사람들에게 누군가를 소개할 때 먼저 그의 장점을 장황하게 이야기한 후 갑자기 화제를 돌려 그 사람의 단점을 말하면, 그 단점이 더 머릿속에 깊이 각인되고, 장점들은 그 단점에 전부 파묻혀 버린다.

평소 아주 평범하고 별다른 재주도 없어 보이던 사람이 어느 날 갑자기 책을 내고 상을 받는 등 누구도 생각하지 못한 능력을 보여줄 때가 있다. 그럴 때면 사람들은 그를 예전과 전혀 다른 눈으로 바라보게 되고, 그 전까지 가지고 있던 '평범한' 인상은 그들의 기억 속에서 완전히 사라진다. 그 순간부터 그는 '아주 재능 있는' 사람으로 그들의 머릿속에 각인될 뿐이다.

삼국시대 동오(東吳)의 여몽(呂蒙)은 무예에는 뛰어났지만 학식이 전혀 없는 무장이었다. 그래서 노숙(魯肅)은 그를 처음 봤을 때 참으로 별볼일 없는 자라고 여겼다. 훗날 여몽은 손권(孫權)의 밑으로 들어갔고, 손권의 충고를 받아들여 전쟁 중에도 틈틈이 역사와 병법에 관한 책을 읽으며 내실을 다져나갔다. 그러던 어느 날 노숙이 여몽을 다시 만나 이야기를 나누게 되었는데, 이전과 달리 병법과 역사 방면으로 박식해진 그를 보고 깜짝 놀라며 탄식을 내뱉었다.

"과연 선비는 3일만 떨어져 있다 다시 만나도 전혀 다른 사람이 되어있다더니 그 말이 거짓이 아니었구나."

눈을 비비고 상대를 다시 본다는 의미의 '괄목상대(刮目相對)'는 바로 여기서 나온 말로, 이 또한 최신효과의 예라 할 수 있다.

일반적으로 최신효과는 2가지 조건이 뒷받침되어야 한다. 첫째, '최신'과 '이전' 요인을 서로 비교했을 때 ,객관적으로 '최신'이 주는 자극이 좀 더 강하고 훨씬 선명한 인상을 남기며, 이전에 가졌던 관련 인상을 희석시킨다. 둘째, 일상적인 생활 속에서 특정 자극을 받을 경우, 최신요인의 자극을 받아들이는 반응속도가 훨씬 빠르다.

표면적으로 보면 최신효과와 초두효과는 모순되는 것처럼 보이지만 사실상 그렇지 않다. 수많은 실험에서 심리학자들은 사람의 주체적 가치선택과 가치평가에 따라 타인의 인상이 형성되고, 여기에 '가중인상'이라는 모종의 의미가 부여된다고 밝혔다. 풀이해서 설명하자면, 인지구조가 단순한 사람은 최신효과의 영향을 더 쉽게 받고, 인지구조가 복잡한 사람은 초두효과의 영향을 더 쉽게 받는다. 또 사람과 사람이 처음 만날 때는 초두효과의 영향을 받지만, 이후 교류를 해나가는 과정에서 서로에 대해 어느 정도 아는 시기가 되면 최신효과의 영향이 좀 더 중요해진다.

청나라 말기 상군(湘軍)의 사령관 증국번(曾國藩)이 군대를 이끌고 태평천국 군대와 전쟁을 벌였으나 연이어 패배하고 말았다. 그는 이 사실을 어떻게 황제에게 보고해야 할지 고민이 이만저만이 아니었다. 그는 어쩔 수 없이 백 번 싸워 백 번 지고 있다는 의미의 '백전백패(百戰百敗)'라는 문장으로 자신의 패배를 인정하며 글을 써내려갔다.

그런데 옆에서 그 상주문을 읽어내려가던 책사가 연신 고개를 가로저었다.

"만약 이렇게 상주문을 올리면 장군께서는 절대 살아남지 못할 것입니다."

"그럼 어찌하면 좋겠나?"

책사는 잠시 고심하다 회심의 미소를 짓더니 붓을 들었다.

"이렇게 하면 어떨런지요?"

그가 상주문을 고쳐 쓰자 증국번은 탁자를 치며 감탄을 금치 못했다. 책사는 '백전백패'를 '백패백전(百敗百戰)'으로 바꿔 썼을 뿐이었다. 하지만 그 의미는 확연히 달라져 전혀 다른 정보를 전달하고 있었다. '백전백패'에는 계속 지기만 하는 지휘관의 무능함이 드러나 있다. 반면에 '백패백전'에는 싸움은 지고 있지만 언젠가는 이길 날이 올 거라는 확신과 더불어 죽을 각오로 충성을 다하겠다는 기개와 패기가 담겨있었다. 똑같은 네 글자였지만 그 안에서 '패'자의 위치를 어디에 두느냐에 따라 다른 의미가 전달되었던 것이다. 이것이 바로 최신효과의 작용이라 할 수 있다.

한 사람을 온전히 이해하는 일은 하루아침에 이루어지는 것이 아니다.

전면적인 시각으로 사람을 바라볼 줄 알아야 하고, 일시적이고 단편적인 인상에 의지해 함부로 결론을 내려서는 안 된다.

❓ 심알못 사장을 위한 한마디

일상적인 인간관계와 처세술에서도 최신효과를 염두에 두고 주의할 필요가 있다.

첫째, 좋은 첫인상은 타인의 마음속에 좋은 이미지를 만드는 일등공신이라 할 수 있다. 그러나 최신효과를 염두에 둔다면 우리는 교류의 과정 내내 자신의 좋은 이미지를 심기 위해 끊임없이 노력해야 한다. 좋은 시작만큼 중요한 것이 그 끝이다. 끝이 좋지 않으면 제아무리 좋은 첫인상도 소용이 없어지고, 심지어 그 이미지마저 물거품이 되어버린다.

둘째, 가족과 친구 사이에서는 일시적 분노 때문에 갈등이 생겼을 때, 위로와 사과를 하고 잘못을 고칠 줄 알아야 한다. 당신의 분노가 사람들의 기억 속에 깊이 각인되면 이후 소통과 교류에 심각한 영향을 미칠 수 있기 때문이다.

셋째, 말의 어순도 소통에 영향을 미칠 수 있다. 말을 할 때 뒤에 배치되는 단어 혹은 어구는 전달하고자 하는 정보의 주된 흐름을 결정한다.

충돌 : 적당한 거리를
유지하는 방법

 간혹 관계가 친밀해질수록 갈등과 의견충돌이 더 자주 발생하는 경우가
있습니다. 특히나 배우자나 자녀, 절친한 친구 사이에 이런 일들이
쉽게 일어나죠. 이치대로라면 더 잘 지내고 아무 문제가 없어야 하지만
현실은 정반대입니다. 이런 갈등과 의견충돌은 왜 일어나는 것이며, 이를
줄이려면 어떻게 관계를 유지해야 할까요?

이것은 심리학에서 말하는 '고슴도치효과(Hedgehog's Effect)', 즉
심리적 거리효과로 설명할 수 있다. 고슴도치는 온몸이 가시로 덮여
있는 동물이다. 추운 겨울에 고슴도치 두 마리가 서로의 몸을 따뜻
하게 하기 위해 다가가지만 가시 때문에 가까이 갈수록 서로를 찌
르기만 할 뿐이다. 어쩔 수 없이 고슴도치는 다시 떨어졌고 몰아치
는 추위를 견디기 점점 힘들어졌다. 그래서 두 마리는 가까이 다가
갔다가 떨어지기를 반복했고 어느 순간 온기를 나눌 수 있는 비교적
적당한 거리를 찾아낼 수 있었다. 그것은 서로에게 온기를 주면서도
절대 찔릴 리 없는 딱 그 정도의 거리였다. 이것이 바로 인간관계에
서 꼭 필요한 심리적 거리이다.

실제로 이런 예는 우리 주위에 셀 수 없을 만큼 많다. 당신이 무척이나 존경하고 좋아하는 사람이 있다. 하지만 관계가 밀접해질수록 상대의 결점이 점점 두드러져 보인다면 어떻게 될까? 자기도 모르는 사이에 그에 대해 가지고 있었던 감정이 변하고, 심지어 실망이나 미움의 감정까지 느끼게 될 것이다. 부부, 자녀, 친구 및 사제 사이도 예외가 아니다.

한 심리학자가 이런 실험을 한 적이 있다. 문을 연 지 얼마 안 된 큰 열람실 안에 방문객이 딱 1명 앉아있었다. 심리학자는 열람실로 들어가 그 (그녀) 옆에 앉아 그들의 반응을 살폈다. 피실험자는 이것이 실험이라는 것을 몰랐고, 대부분 곧바로 자리를 옮겨 멀리 떨어져 앉았다. 누군가는 '지금 뭐 하시는 거죠?'라고 직접적으로 묻기까지 했다. 이 실험은 총 80명을 대상으로 진행되었는데, 그 결과는 모두 같았다. 2명밖에 없는 큰 열람실에서 낯선 사람이 옆자리에 앉는 것을 그 누구도 참지 못했다.

이렇게 심리적 거리는 실질적인 공간거리에도 적용된다. 누구나 자신만을 위해 보이지 않는 공간을 확보하고 싶어한다. 이 '공간'이 좁아지면 타인과 접촉할 때 불편함, 불안, 심지어 분노를 느낄 수 있다.

미국의 유명한 인류학자 에드워드 트위첼 홀은 자아공간의 범위는 교류 당사자들의 인간관계와 그들이 처한 상황에 따라 결정된다고 했다. 이를 근거로 그는 인간관계를 4종류의 구역 혹은 거리로 나눴고, 각 거리마다 각기 다른 쌍방관계를 대응시켰다.

첫 번째는 친밀한 거리다. 사람들이 흔히 말하는 '허물없이 친한 사이'가 여기에 해당된다. 이것의 최소 간격은 0~15센티미터 이내다. 이 거리 안에서 사람들은 서로 살을 부대끼며 상대의 체온, 냄새 및 **호흡**을 느낄 수 있다. 최대 간격은 15~44센티미터 정도로, 팔짱을 끼고 손을 잡거나 무릎을 맞대고 허심탄회하게 이야기를 나누는 등 일정 정도의 신체적 접촉을 통해 친밀함을 표현할 수 있다.

현실 속에서 이 정도의 거리는 주로 가장 친밀한 사람들 사이에 이루어진다. 동성이라면 마음이 맞는 가장 친한 친구 사이고, 이성이라면 부부나 연인이 여기에 해당된다. 그래서 교류과정에서 누구 하나라도 이 친밀한 거리에 속하지 않으면, 상대의 허락이 떨어지기 전까지 함부로 이 공간 안으로 들어올 수 없다. 이것을 어기는 것은 그 사람의 진심과 상관없이 예의 없는 행동이고, 상대의 반감을 살 수 있다.

두 번째는 개인적인 거리다. 이것은 인간관계에서 유지해야 하는 딱 적당한 거리다. 이 거리 안에서 서로 간의 직접적인 신체접촉은 그리 많지 않다. 가장 가까운 범위는 46~76센티미터 정도고, 서로 악수를 하거나 편하게 이야기를 나눌 수 있을 정도에 해당된다. 이것은 잘 아는 사이에나 가능한 공간이다. 만약 낯선 사람이 함부로 이 공간에 들어오면 타인에 대한 침범으로 간주될 수 있다. 가장 먼 범위는 76~120센티미터 정도다. 친구와 잘 아는 사람은 모두 이 공간을 자유롭게 드나들 수 있다. 일반적인 상황에서, 비교적 잘 아는 사람과 대화를 나눌 때의 거리는 **최단 거리**에 해당하는 76센티미터에 가깝고, 낯선 사람과 교류할 때의 거리는 최장 거리에 해당하는 122센티미터에 더 가깝다.

세 번째는 사회적인 거리다. 개인적 거리와 서로 비교해보면 누가 봐도 한 발자국 더 멀다. 즉 비교적 격식과 예의를 차리고 대해야 하는 관계에 해당된다. 가장 가까운 거리는 1.2~2.1미터 정도인데, 사람들은 업무공간이나 사교모임에서 보통 이 정도의 거리를 유지한다.

한 번은 주최자가 회담 좌석을 배치할 때 세심하게 고려하지 못하고, 티 테이블 없이 1인용 소파 2개를 같은 방향으로 나란히 붙여두었다. 그 결과 참가자들은 가능한 소파 바깥쪽 팔걸이에 몸을 기댄 채로 앉아있었다. 이처럼 거리와 상황, 관계가 서로 맞아떨어지지 않으면 사람들은 심리적으로 불편함을 느끼게 된다.

이론적으로 볼 때 이런 사회적 거리의 먼 범위는 2.1~3.7미터 정도고, 더 공식적인 인간관계로 간주된다. 회사에서 사장은 보통 큰 책상을 사용하고, 책상에서 어느 정도 떨어진 곳에 방문자가 앉을 만한 자리를 배치한다. 이렇게 해야 방문자와 대화를 나눌 때 어느 정도 거리감을 둘 수 있고, 격식과 예의를 갖춘 분위기 속에서 일을 진행할 수 있다.

네 번째는 공적인 거리다. 이 거리는 연설을 할 때 연설자와 청중 간에 유지되는 간격으로 그 범위는 3.7~7.6미터 정도다. 더 멀게는 7.6미터를 넘어설 수도 있다. 이 공간 안에서 사람들은 서로 아무런 연계도 없이 모른 척 지낼 수도 있다. 교사와 학생, 무대 위 가수와 청중 사이에 유지되는 거리 등이 여기에 해당된다.

이처럼 쌍방의 공간거리는 서로의 친밀도, 호감도를 알 수 있는 중요한 지표다. 그래서 인간관계에서는 정확한 공간거리를 선택하는 것이 무엇보다 중요하다.

　인간관계에서 사람들 간의 공간거리는 결코 고정불변이 아니며, 어느 정도 탄력적으로 변화를 줄 수 있다. 이것은 구체적인 상황, 성격적 특징, 사회적 지위, 마음의 상태, 학력 등에 따라 달라진다. 또한 국적, 민족, 문화적 배경이 다르면 공간적 거리도 달라진다. 이런 차이는 사람들이 '자아'의 다름을 이해하는 과정에서 발생한다. 예를 들어 북미인의 '자아'는 피부, 의복, 몸 밖으로 몇 십 센티미터 떨어진 공간까지를 포함한다. 그들은 대화를 나눌 때 일정거리를 유지하고 서로 몸이 닿는 것을 꺼린다. 그러나 아랍인의 자아는 정신에 국한되며, 심지어 피부조차도 몸 밖의 물건으로 간주한다. 그들은 상대의 눈을 뚫어지게 주시하며, 어깨를 두드리거나 팔을 잡고 얼굴을 바싹 들이대는 등의 신체접촉을 즐긴다. 그래서 미국인과 아랍인이 복도 한쪽 끝에서 이야기를 시작했는데, 끝날 때쯤이면 복도의 다른 끝에 가있다는 우스갯소리도 있다. 한쪽은 점점 다가가고 다른 한쪽은 계속 뒤로 물러서니 도저히 서로의 거리를 맞출 수 없기 때문에 벌어지는 일이다. 마찬가지로 프랑스인은 가까운 거리를 유지하기를 좋아하고, 심지어 호흡이 서로 맞닿을 정도의 거리도 마다하지 않는다. 그러나 영국인은 그 정도의 거리에 거부감을 느껴 어떻게 해서든 자신만의 공간거리를 확보하려고 애를 쓴다.

　인간관계에서 사회적 지위가 다르면 자아공간의 범위도 다소 차이가 생긴다. 통상적으로 볼 때 권력과 지위가 있는 사람은 개인공간에 대한 욕구가 좀 더 강하다. 고대의 왕은 높은 용상에 앉아 대신들과 상당히 먼 거리를 유지했다. 대신들은 왕 앞에서 허리를 굽히고 머리를 조아렸으며, 왕의 눈을 똑바로 쳐다보지 못했고, 물러날 때도 등을 보이지 않았다. 이를 통해 왕은 자신의 권력과 지위를 드러냈다. 사람들은 권력과 지위가 있는 사람을 만나게 되면 나란히 앉기보다 가능한 그와 떨어진 곳에 앉으려고 한다. 이는 그의 자아공간을 침범해 행여 불이익을 당하게 될까봐 스스로 피하는 심리가 작용하기 때문이다.

이외에도 사람들이 공간적 거리를 규정하는 요소는 성격이나 구체적 상황과도 연관되어 있다. 성격이 밝고 사교적인 사람은 타인에게 접근하는 것을 즐기고, 타인의 접근도 쉽게 받아들인다. 그들의 자아공간은 비교적 좁다. 그러나 성격이 내성적이고 자기중심적인 사람은 타인에게 먼저 다가가려 하지 않는다. 그들은 타인이 다가오는 것에 극도로 민감하고, 그들이 자신의 공간을 침입하면 불편함을 느낀다. 이처럼 우리는 인간관계에 필요한 자아공간과 적당한 거리를 이해하고 상황에 맞는 최고의 거리를 선택하기 위해 노력해야 한다.

❓ 심알못 사장을 위한 한마디

일상적인 인간관계 속에서 다음 몇 가지 사항은 반드시 주의해야 한다.

첫째, 타인의 사생활을 존중해야 한다. 아무리 친한 사이라도 서로의 심리적 공간을 함부로 침범해서는 안 된다. 혹자는 친밀한 관계에 해당하는 부부, 부모와 자녀 사이에 무슨 사생활이냐고 반박할 수 있다. 하지만 이렇게 친밀한 사이일수록 사생활이 더 존중되어야 한다. 이런 존중의 표현은 상대의 사적인 비밀을 함부로 추궁하지 않고, 자신의 사생활을 지나치게 토로하지 않는 것을 모두 포함한다.

둘째, 차이를 받아들일 줄 알아야 한다. 이것은 상대의 결점과 실수를 이해하고 용납하는 것을 가리킨다. 물이 너무 맑으면 물고기가 살 수 없듯이 사람도 너무 깨끗하면 주변에 사람이 모이지 않는다.

셋째, 거리효과를 적절히 활용할 줄 알아야 한다. 때로는 거리의 존재가 서로의 감정에 윤활제가 되기도 하므로, 타인과 일정한 거리를 유지하는 습관을 들일 필요가 있다. 지나치게 솔직하게 자신을 드러내다 보면 언젠가는 그것이 갈등의 화근이 되기도 한다.

친밀감 : 누군가를
내 사람으로 만드는 일

 사람들은 자신과 비슷한 사람과 함께 있는 것을 좋아하고, '자기사람'이
하는 말을 더 신뢰하고 쉽게 받아들입니다. 앞서 인간관계에 필요한
심리적 거리에 대해 이야기한 바 있는데, 실상 친해진다는 것은 이 거리를
좁혀나가는 과정이기도 합니다. 그렇다면 어떻게 해야 다른 사람을 내
사람으로 만들 수 있을까요?

미국 역사상 가장 위대한 대통령으로 불리는 링컨은 원래 평범한 집
안 출신이었다. 바로 이 점이 다른 상류층 정치인들과의 경쟁에서
그를 열세로 몰아넣는 요인이었으나, 오히려 그는 이를 이용해 민심을
얻고 열세를 우세로 전환시켰다.

1858년 미국 상원의원 경선 때 링컨은 일리노이주 남부에서 연
설을 했다. 당시 남부의 농장주들은 노예제 폐지주의자들을 극도로
혐오했기 때문에 링컨을 사지로 몰아넣으려 안달이 나 있었다.

링컨 또한 그들의 반대를 잘 알고 있었기에 연설 시작과 함께 이
부분을 먼저 언급했다.

"남부 일리노이주의 고향 주민 여러분! 켄터키주의 고향 주민 여

러분! 여기 계신 분들 중에 저와 한판 붙을 생각으로 오신 분들도 있다고 들었습니다. 저는 정말이지 왜 그래야 하는지 이해가 되지 않습니다. 저역시 여러분과 똑같이 소탈하고 평범한 사람에 지나지 않습니다. 그런데 어째서 여러분과 똑같은 제게 자신의 의견을 밝힐 권리조차 가질 수 없게 만드시려는 겁니까? 친애하는 고향 주민 여러분, 저는 여러분을 간섭하려고 온 사람이 아닙니다. 저 역시 여러분 가운데 하나입니다. 저는 켄터키주에서 태어났고, 일리노이주에서 자랐으며, 여러분과 똑같이 힘든 환경 속에서 하루하루를 버티며 살아왔습니다. 저는 일리노이주와 켄터키주의 사는 여러분뿐 아니라 미조리주의 주민 분들과도 인사를 나누고 싶습니다. 왜냐하면 저는 그분들 중 하나이고…."

그의 연설이 이어질수록 적대감은 어느새 환호와 박수갈채로 변했고, 그를 사지로 몰아넣으려던 사람들도 결국 그의 편으로 돌아섰다.

1860년 링컨은 대선기간에 더글라스와 맞붙게 되었다. 그가 링컨을 시골 촌놈이라고 비하하며 상류층 귀족 출신의 배경을 부각시키고 있을 때 링컨은 농가의 평범한 마차 위에 서서 유권자들을 향해 이렇게 유세를 했다.

"누군가가 서신을 통해 제 재산이 얼마나 되는지 묻더군요. 여기서 대답해 드리죠. 저에게는 아내와 3명의 아들이 있고, 그들은 저에게 값으로 따질 수 없을 만큼 귀한 보물입니다. 이 보물 말고 또 다른 재산을 알려드리자면 월세를 내고 있는 사무실, 책상 하나, 의자 3개 그리고 책장이 하나 있군요. 그리고 거기에 여러분이 한 번쯤 읽어볼 만한 책들이 꽂혀 있습니다. 저는 가난하고 마르며 얼굴도 긴 편이라 재복을 불러오는 얼굴상도 아닙니다. 어디 하나 의지할 곳이 없는 제가 유일하게 의지할 만한 곳은 바로 여러분입니다."

이 말 덕택에 링컨은 민심과 표를 긁어모았고, 결국 대선에서 승리하는 쾌거를 이뤘다.

링컨은 '자기사람효과'를 제대로 활용해 열세에 몰렸던 대선을 승리로 이끌었다. 그는 이 카드를 이용해 강력한 경쟁상대를 물리치고 대선의 판도를 뒤집을 수 있었다. 자기사람효과는 상호간에 존재하는 모종의 공통점 혹은 비슷한 점 때문에 서로의 존재를 더 가깝게 느끼는 것을 가리킨다. 일반적으로 이런 접근방식은 친밀감을 낳고, 상호이해의 폭이 넓어지게 만들기 때문에 '친화효과'라고도 부른다.

그리고 '자기사람'은 교류와 인지 과정 중에 알게 된 비교적 친근한 대상을 가리키며, 대체적으로 자신과 어떤 공통점이 있는 사람을 일컫는다. 이런 공통점은 혈연, 학연, 지연, 부부의 연, 일적인 인연이나 흥미, 지향점, 이익, 취미 등을 통해 형성된다.

교류와 인지 과정에서 사람들은 자신이 비교적 친근하게 느끼는 대상에게 더 쉽게 다가가는 경향을 보여준다. 교류대상이 자기사람에 속한다고 인지하는 순간부터 긍정적인 심리가 작용해 상대에게 더 우호적으로 다가서게 되는 것이다. 이 말을 바꾸어 말하면, 자기사람효과는 상대에게 가지고 있던 기존의 긍정적 평가를 더 확실히 굳히는 계기가 될 수도 있다. 이런 심리가 작용하게 되면 깊이, 폭, 동기, 효과 면에서 더 확고한 관계를 만들어나갈 수 있다.

자기사람효과는 부를 창출하는 방면으로도 확실한 역할을 한다. '지퍼왕' 요시다 타다오는 일본 YKK의 창립자로, 자기사람효과로 부를 창출하는 데 일가견이 있던 인물이다. 그는 '함께하는 5가지 철칙'과 '이윤의 3등분 제도'를 통해 자기사람효과를 경영 속에 고스란히 실현시켰다. 그 덕에 2차 세계대전이 끝난 후 그가 세운 지퍼공장은 단숨에 세계적으로 유명한 대기업으로 성장할 수 있었고, 80억 달러가 넘는 자산을 보유하며 세계 40여 개국에 50개가 넘는 지퍼공장을 세웠다. 이때 그가 세운 이윤의 3등분 제도란 경영의 성과를 3등분해서 3분의 1은 소비자 이익을 위한 싸고 질 좋은 제품 개발에 쓰고, 3분의 1은 대리점과 가맹점에 쓰고, 나머지 3분의 1은 직원들의 임금을 포함한 회사 이익을 위해 쓰는 것이다. 이처럼 요시다 타다오는 직원과 고객을 이미 제2의 자아로 보고 있었고, 그 덕에 그의 회사는 급격한 발전을 이어갈 수 있었다.

한 심리학자가 1961년에 이런 실험을 진행했다. 그는 한 대학에서 숙소제공을 조건으로 실험대상자 17명을 공개모집했다. 실험자는 그들에게 4개월 동안 머물 숙소를 제공했고, 정기적으로 면담과 테스트를 진행하기로 했다. 숙소에 들어가기 전에 그들은 정치, 경제, 사회복지 및 미학 등의 방면에서 어떤 태도와 가치관을 가지고 있는지 기술했고, 각자의 성격적 특징을 알아볼 수 있는 테스트를 받았다. 그런 후에 심리학자는 태도, 가치관, 성격적 특징이 서로 비슷하거나 다른 학생들을 뒤섞어 몇 개의 방을 배정해주고 4개월 동안 공동생활을 하도록 했다. 이 기간 동안 앞에서 언급한 문제들에 대해 정기적으로 토론을 시켰고, 동시에 같은 방을 쓰는 인원들끼리 누가 누구를 좋아하고 싫어하는지 체크하도록 했다. 그 결과 초반에는 공간적 거리가, 후반에는 태도와 가치관이 자기사람 관계를 결정하는 데 가장 중요한 요인으로 부각되었다.

❓ 심알못 사장을 위한 한마디

자기사람효과는 보통 타인을 내 편으로 인식하면서부터 생기며, 구체적인 원인을 파고들면 다음 3가지로 정리할 수 있다.

· 첫째, 접근성이다. 자기사람은 접근성을 가지고 있다. 보통 공간적 거리 면에서 자기사람은 접근이 쉽다. 최소한 처음 시작은 그렇다. 공간적인 접근이 수월할수록 서로 간의 이해와 친밀도가 증가하고 심리적으로 더 쉽게 다가갈 수 있다.

· 둘째, 유사성이다. 상대방이 자기사람이 되기를 바란다면 쌍방의 태도, 관점, 개성 등이 서로 같거나 비슷해야 한다. 비슷한 점이 많을수록 서로에게 끌리기 때문이다. '유유상종'이라는 말도 이런 이치라 할 수 있다. 사회심리학자들의 연구 결과에서도 가장 친한 친구 그룹은 대다수가 동등한 지위의 사람이었다.
특히 교육수준, 경제조건, 가치관 등이 비슷했다. 이처럼 서로 비슷한 수준과 유사성은 자기사람을 만드는 데 상당히 큰 영향을 미친다.

· 셋째, 자기보완성이다. 개성이 서로 비슷할수록 친구가 되기 쉽다. 그럼 개성이 서로 다르면 자기사람이 될 수 없다는 것일까? 연구결과에 따르면, 한 사람의 욕구와 기대가 상대방과 상호보완 관계를 만들 수 있을 때, 두 사람은 서로에게 자기사람이 될 수 있다고 했다. 미국 사회심리학자 커호프도 이와 관련된 연구를 진행해 이 사실을 증명했다. 또한 그들은 여기서 한 발자국 더 나아가 자기사람과의 관계가 장기적으로 유지되려면 상호보완성의 역할이 더 커지며, 심지어 이 요소가 태도와 가치관의 유사성보다 더 중요하다는 사실을 밝혀냈다.

일상생활 속에서 자기사람효과는 인간관계와 교류를 더 원활하게 만들어주는 역할을 한다. 그러니 상대방이 당신의 생각을 따르도록 만들고 싶으면 먼저 당신이 그의 편이라는 인식을 심어주어야 한다.

존중 : 성공적인 교류를 위한 제1법칙

 타인을 존중하는 것은 사람이라면 반드시 갖춰야 할 덕목입니다. 좋은 인간관계를 위해 꼭 필요한 원칙 중 하나이며, 성공으로 통하는 문을 여는 열쇠이기도 합니다. 하지만 존중이란 말은 다른 원칙에 비해 명확하게 다가오지 않아 다소 뜬구름잡는 말처럼 느껴질 수도 있습니다. 과연 존중이란 무엇이며 어디에서부터 시작되는 걸까요?

어느 날 허름한 차림새의 노부부가 하버드대학의 총장을 만나러 찾아왔다. 할머니는 빛바랜 줄무늬 옷을 입고 있었고, 할아버지는 낡은 싸구려 양복차림이었다.

총장실 비서는 노부부를 보자마자 촌스러운 시골 노인들이 하버드에 무슨 볼일이 있겠냐며 무시하듯 인상을 찡그렸다.

할아버지가 점잖게 비서에게 말했다.

"총장님을 뵈러 왔습니다."

비서가 쌀쌀맞게 대답했다.

"총장님은 매일 바쁘세요."

할머니가 대답했다.

"그럼 우리가 기다릴게요."

하지만 몇 시간이 지나도록 총장은 나타나지 않았다. 비서는 그들이 기다리든 말든 신경조차 쓰지 않았다. 그녀는 기다리다 지치면 알아서 돌아가겠지 하고 무려 4시간 동안 두 사람을 방치했다. 그러나 노부부는 끝까지 자리를 지키며 총장을 기다렸고, 비서는 어쩔 수 없이 총장에게 전화를 걸어 상황을 설명했다.

"잠깐만 만나주시면 갈 것 같아요."

총장은 짜증스러운 마음을 간신히 억누르며 잠깐 시간을 내겠다고 말했다. 그리고 얼마 후 총장이 거만한 표정으로 노부부 앞에 모습을 드러냈다.

"무슨 일로 오셨습니까?"

할머니는 총장을 보자 아들 이야기를 꺼냈다.

"저희 아들이 하버드에 다녔는데 작년에 불의의 사고로 세상을 떠났답니다. 그 애가 이 학교를 얼마나 좋아했는지 몰라요. 이 학교에 다니면서 참 행복해 했었죠. 그래서 우리 부부가 이 캠퍼스에 아들을 위한 기념물을 하나 세워주고 싶어 이렇게 찾아왔습니다."

총장은 그 말에 감동하기는커녕 도리어 황당하다는 듯 퉁명스럽게 대답했다.

"할머니, 하버드에 다니다 죽은 사람들을 위해 동상을 세우도록 다 허락했으면 이 캠퍼스는 진즉에 공동묘지로 변했을 겁니다."

그러자 할머니가 얼른 그의 말을 정정했다.

"뭔가 오해가 있으신 것 같은데 우리가 세우려는 건 동상이 아니라 건물입니다. 우리는 아들을 위해 건물을 지어 하버드에 기증을 할 생각이에요."

총장은 노부부의 차림새를 훑어보며 무시하듯 말했다.

"건물이요? 할머니, 건물 하나를 짓는데 비용이 얼마나 들어가는지 알고나 하시는 말씀이세요? 저희 학교 건축물을 하나 짓는 데만 해도 750만 달러가 넘게 들었습니다."

할머니는 잠시 고민을 하는 듯 아무 말이 없었다. 총장은 드디어 노부부를 내보낼 수 있게 됐다는 생각에 속으로 쾌재를 불렀다.

잠시 후 할머니가 돌연 할아버지에게 물었다.

"고작 750만 달러로 건물을 세울 수 있다는 거네요? 그럼 아예 우리가 대학을 지어 우리 아들을 기념하면 되지 않겠어요?"

노부부가 떠난 후 총장은 혼란과 당혹감에 휩싸였다.

훗날 그들은 캘리포니아에 아들을 기념하기 위해 대학을 하나 세웠고, 사랑하는 아들의 이름을 딴 '릴런드 스탠퍼드 주니어 대학교(Leland Stanford Jr. University)'라고 이름붙였다. 이곳이 바로 지금의 스탠퍼드 대학이다.

사람과 사람의 교류는 상호존중에 그 가치가 있다. 겉모습으로 사람을 판단하는 것은 인간관계에서 반드시 피해야 할 금기사항이다. 하버드대학의 총장과 비서는 겉모습만 보고 사람을 판단하는 바람에 고액의 기부금을 받을 수 있는 기회를 놓치고 말았다. 타인을 존중하지 못한 심각한 대가를 치룬 셈이다.

　미국의 한 사업가가 길을 가다 연필을 팔고 있는 남루한 옷차림의 장사꾼을 우연히 보게 되었다. 사업가는 그를 보자 불현듯 불쌍하다는 생각이 들어 10달러를 손에 쥐어주고 가던 길을 계속 갔다. 그런데 그가 다시 돌아와 연필을 가져가는 것을 잊어버렸다며 컵 속에 꽂힌 연필 몇 자루를 꺼냈다. 그는 연필을 가지고 가면서 장사꾼에게 의미심장한 말을 건넸다.
　"그쪽도 나와 같은 사업가시네요. 이렇게 돈을 받고 물건을 팔고 있으니 말입니다."
　1년 후 성대한 사교모임에서 양복을 말쑥하게 차려입은 사업가가 당당하게 걸어와 감격스러운 목소리로 그에게 자기소개를 했다.
　"감사합니다. 선생님은 아마 저를 기억하지 못하실 겁니다. 하지만 선생님 덕에 저는 자존감을 회복할 수 있었습니다. 그때까지만 해도 저는 제 자신이 연필을 파는 거지라고 생각하며 살았습니다. 그런데 선생님께서 저에게 사업가라고 말씀해주신 덕에 이렇게 새 인생을 살게 되었습니다."
　타인을 존중한다는 것은 그의 자존심을 배려해주는 일이기도 하다. 이는 좌절에 빠진 사람에게 빛을 보게 해주고, 열등감에 빠진 사람에게 자신감을 불어넣어주는 명약과도 같다.

　루스벨트의 대통령 후보 경선이 시작되기 몇 개월 전부터 그의 비서 짐은 기차, 자동차, 배 등 각종 교통수단을 이용해 서부 각주를 종횡무진했다. 그는 그곳에서 현지 주민들과 인사를 나누며 루스벨트를 위해 표밭갈이를 하고, 지역주민들과의 모임에 참여해 루스벨트의 공약을 홍보하며 친근하게 소통하는 데 주력했다. 그는 동부로 돌아오자마자 각 지역 친구들에게 서신을 보내 그가 만나서 이야기를 나눴던 사람들의 명단을 보내달라고 부탁했다. 그리고 명단에 나온 헤아릴 수조차 없이 많은 사람들에게 일일이 편지를 보냈다. 그는 편지의 첫머리를 시작할 때 '친애하는 빌', '친애하는 조지'처럼 상대방의 이름을 아주 친근하게 불러주었다. 짐의 이런 방법은 루스벨트의 대중지지율을 크게 끌어올리며 그를 당선시키는 데 결정적인 역할을 했다.

때로는 이렇게 이름을 기억하고 불러주는 것만으로도 예상치 못한 감동을 주기도 한다. 이는 자신이 존중받고 있다고 느끼기 때문이다. 철강왕으로 유명한 앤드류 카네기 역시 이름을 기억하는 것이 얼마나 중요한지를 자신의 경험을 토대로 여러 차례 강조한 바 있다.

겉모습으로 사람을 평가하지 않는 것, 상대의 이름과 생김새를 기억하려 노력하는 것, 타인의 자존심을 챙겨주는 것 등은 어찌 보면 모두 너무나 당연한 것들이 아닐 수 없다. 그리고 이것이 바로 존중이 사람으로서 갖춰야 할 가장 기본적인 덕목이라 말하는 이유다.

❓ 심알못 사장을 위한 한마디

사회적 교류 과정에서 우리는 타인을 어떻게 존중해야 할까?

우선 대화를 나눌 때 예의를 지켜야 한다. 사생활에 관한 내용은 가능한 언급을 피하고, 실수로 상대방의 사생활을 건드렸다면 바로 화제를 전환하는 것이 좋다. 또 농담에도 정도가 있어야 한다. 적당한 농담은 무미건조한 분위기에 생기를 불어넣고, 서로 감정을 교류하며 거리를 좁히는 데 도움이 된다. 하지만 정도를 넘어서면 도리어 역효과를 초래하고 또 다른 스트레스 요인이 될 수 있다.

가장 중요한 것은 자신의 감정에 따라 상대를 대하지 않는 것이다. 함부로 화를 내는 것은 원활한 교류를 가로막는 커다란 장애물이다. 자신의 감정을 주체하지 못하고 화를 냈다가 오랜 우정이 깨지기도 하고, 주위에 아무도 남아있지 않게 될 수도 있다. 더구나 사람이 화를 내면 얼굴이 험상궂게 변하는데, 이는 자기수양이 부족한 탓이다.

상처 : 타인의 말이나
행동에 상처받을 때

살다 보면 타인의 말이나 행동 때문에 상처를 받는 일이 허다하게
일어납니다. 이런 상처는 분노, 짜증, 슬픔, 복수심 등의 부정적인 감정을
불러일으키죠. 이런 상황에 직면했을 때 어떻게 해야 이성의 끈을 놓지
않고 자존감을 지킬 수 있을까요?

한 부부가 레스토랑에서 식사를 했다. 남편은 종업원의 친절한 서비
스가 마음에 들었고, 그가 보는 앞에서 20달러의 팁을 남겼다. 그런
데 부인이 갑자기 그 돈을 집어들며 남편에게 화를 냈다.

"서비스가 이렇게 엉망인데 무슨 팁을 주고 그래요?"

남편은 아내가 자신을 무시했다고 느껴 화가 났지만, 화를 억누른
채 레스토랑에서 그냥 나올 수밖에 없었다.

일상생활 속에서 우리는 모두 이렇게 상황을 피동적으로 수용할
수밖에 없을 때가 있다. 당신에게 상처를 주는 대상은 친구, 동료 혹
은 가족 등 무수히 많을 것이다. 그들은 많은 사람 앞에서 당신을 비

웃거나 비밀로 하고 싶었던 지난 일을 끄집어 내 당신의 심기를 건드린다. 만약 당신이 이런 이유로 화를 내거나 따지고 들면 상대는 '농담'을 했을 뿐인데 너무 심각하게 받아들이는 거 아니냐며 대수롭지 않게 말할 수 있다.

미국의 유명한 사회심리학자는 이런 난감한 상황에 대해 20여 년 동안 조사와 연구를 진행했다. 그는 공개적 모욕을 당했을 때 기분이 좋을 리 없고, 이런 일이 가볍게 넘어갈 수 있을 만큼 사소한 일도 아니라고 지적했다. 공개적인 모욕을 당해 감정이 상했을 때 대다수 사람은 앞뒤 안 가리고 화를 내거나 한마디도 못한 채 속으로 화를 삭이게 된다. 그런데 당신에게는 또 하나의 선택지가 남아있다. 바로 이성을 지키며 상황을 주도적으로 통제하는 것이다.

당신은 괜한 시간을 들여가며 도대체 나한테 왜 그러는지 그 이유를 따지고 들 필요조차 없다. 그들 중에는 분명 고의로 그렇게 하는 사람도 있을지 모른다. 어쩌면 그들은 당신에게 잠재적 위협을 느끼고 있거나, 당신에게 피해의식을 느껴 복수를 하는 것일 수도 있다. 또 어떤 사람들은 아무 생각 없이 입에서 나오는 대로 말했을 뿐이고, 그 말이 다른 사람에게 그렇게 큰 상처를 주는지 모를 수 있다. 무엇보다 상대방은 당신이 이 일을 그렇게까지 신경 쓰고 고민하는지 모를 확률이 높다. 그러니 난감한 상황에 대처하는 가장 좋은 방법은 바로 자신의 기지와 유머를 적극 활용해 상황을 원만하게 푸는 것이다.

한 작가가 책을 한 권 썼는데 독자들의 반응이 꽤 좋았다. 그러자 또 다른 작가가 그녀를 시기하며 비꼬듯이 말했다.

"이번 책을 아주 잘 쓰셨더군요. 대필해준 사람이 누군지 정말 궁금하네요."

그러자 그녀가 말했다.

"제 책을 그렇게 칭찬해주다니 정말 기쁘네요. 누군가 당신에게 내 책을 읽어줬나 보죠?"

상대방은 그녀에게 실력이 없다고 은근히 비꼬았는데, 그녀는 상대가 글을 읽고 말했을 리 없다고 맞받아친 셈이다. 이처럼 같은 말도 유머를 가미해 간접적으로 언급하면, 난감한 상황이 어느 정도 무마될 수 있다.

다양한 사람과의 교류과정에서 사소한 갈등과 충돌은 피하기 어렵다. 그러니 이런 상황을 만나게 되면, 화를 내면서 상황에 끌려다니지 말고 좀 더 현명하게 대처하도록 하자.

> ❓ 심알못 사장을 위한 한마디
>
> 심리학자는 상대의 말이나 행동 때문에 상처를 받았을 때, 2가지 대응방법이 있다고 말한다. 하나는 소극적인 저항이다. 너무 창피해서 도망치듯 그 자리를 벗어나거나, 아니면 감정을 폭발시켜 크게 한판 싸우는 식이다. 물론 이렇게 하면 당신의 이미지는 급격히 추락하고 말 것이다.

또 하나는 적극적인 대응이다. 당신이 정보를 교묘하게 이용한다면, 불리한 상황을 유리하게 바꾸고, 트집을 잡아 싸움을 거는 상대를 효과적으로 제압하며, 자신의 이미지를 더 좋게 만들 수 있다.

만약 누군가 다른 사람들이 보는 앞에서 당신을 비난하고, 앞으로도 계속해서 그런 상황이 반복될 가능성이 있다면 이런 식의 제안을 해보는 것도 좋다. "이 문제라면 나중에 직접 가르침을 청해도 되겠습니까?" 이것은 예의를 잃지 않고 자존심을 지킬 수 있는 방법 중 하나다. 만약 가족 혹은 친구가 이런 식으로 당신에게 상처를 준 적이 있다면 그로 인해 자신이 받은 상처가 크다고 직접적으로 말하는 편이 훨씬 낫다. 그럼에도 불구하고 상황이 변하지 않는다면 당신이 그들을 더 이상 신뢰하지 않는다는 것을 알려주는 것이 좋다. 이런 대응능력은 당신의 자존감과 감정조절능력을 부각시키고, 상대의 치졸함을 드러내는 데 도움이 된다. 그야말로 일거양득이라 할 수 있다.

만약 누군가 계속해서 당신을 곤란하게 만들고 있다면 당신은 좀 더 단호하고 강한 어조로 대처해야 한다. 때로는 그 자리에서 그의 말을 제지하고 '왜 계속 나를 곤란하게 만드는 건지 설명 좀 해줄래?', '지금 기분이 별로 안 좋은 거 같은데, 내가 너한테 무슨 실수한 거라도 있어?'라고 물어봐야 한다. 이렇게 하면 주변 사람들은 당신을 달리 보게 되고, 상대방도 자신의 실수를 빠르게 인지하고 고칠 수 있으며, 더 나아가 둘 사이의 관계개선에도 도움이 된다. 물론 당신이 어떤 방법을 선택하든 가장 중요한 것은 절대 쉽게 이성을 잃고 화를 내면 안 된다는 점이다. 그렇지 않으면 상대방에게 계속 우위를 빼앗긴 채 적대감만 더 깊어질 뿐이다.

이해 : 입장을 바꿔서
생각하는 연습

 인간관계는 상대에 대한 이해를 바탕으로 합니다. 특히나 친구나 동료, 가족 등 사적인 관계일수록 갈등과 트러블을 막고 원활한 소통을 하려면 이해가 밑바탕이 되어야 하죠. 문제는 많은 사람들이 '이해를 하고 싶어도 도무지 이해가 안 가'라고 말한다는 겁니다. 이해가 안 가 답답한 것은 서로가 마찬가지일 텐데요, 그 해결의 실마리는 어디서 찾아야 할까요?

고양이와 개는 상극이라는 말이 있다. 왜 그럴까? 그 이유는 개와 고양이의 소통방식에 있다. 개는 꼬리를 흔들어 반가움을 표시하는데, 이런 '신체언어'가 고양이한테는 도전으로 받아들여진다. 고양이는 기분이 좋거나 반가울 때 골골 소리를 낸다. 그런데 개는 이런 소리를 싸우자는 의미로 받아들인다. 둘 다 좋아서 하는 행동이지만 상대방은 그 의도를 정반대로 이해하는 것이다. 그렇지만 어릴 때부터 함께 생활해온 고양이와 개에게서는 이런 대립을 찾아볼 수 없다. 오랜 시간을 함께 해오는 동안 서로의 언어를 이해했기 때문이다. 그러니 입장을 바꿔 생각하는 것은 효과적인 소통을 위해 매우 중요한 전제조건이다.

사람은 누구나 자의식이 강하기 때문에, 자신의 입장에서 사물을 바라볼 수밖에 없다. 그래서 타인의 말이나 행동을 바라볼 때 늘 자신의 주관적 생각에 따라 단편적으로 보고 결론을 내려버린다. 이때 누구나 자신의 감정에만 충실하고 상대방의 생각이나 느낌은 거의 고려하지 않는다.

교류의 전제조건은 바로 이해다. 이해는 감정의 공감대를 형성하는 능력이다. 그러니 교류과정에서 우리가 타인의 이해와 관용을 얻고 싶으면 입장을 바꿔 생각해본 후, 먼저 상대를 이해하고 관용을 베풀어보는 것이 좋다. 이것은 지속적이고 발전적인 교류를 위해 가장 효율적인 방법이라 할 수 있다.

사이먼은 관계가 돈독한 사업파트너들을 점심식사에 초대했다. 이것은 그에게 아주 중요한 사교모임이었다. 이런 모임이 있을 때마다 그의 비서 리사는 항상 처음부터 끝까지 모든 준비를 도맡아 도움을 주며 일등공신의 역할을 했다. 그런데 이번만큼은 그녀의 준비가 영 마음에 들지 않았다.

이번 모임에서 리사는 개인적인 사정 때문에 한 번도 모습을 드러내지 않았다. 그녀 대신 다른 사람이 직원들에게 상황을 지시하고 사이먼을 보좌했다. 하지만 그는 이런 일을 처음 하는 듯 어설펐고, 사이먼은 그의 모든 면이 마음에 들지 않았다. 레스토랑에서 나오는 요리도 엉망이었다. 요리를 내오는 순서부터 시작해서 요리 자체도 지나치게 기름지거나 고기를 너무 익혀 나오는 등 모든 것이 최악이었다. 사이먼은 화가 치밀어올랐지만 모임을 위해 끝까지 억지미소를 지으며 참아냈다. 그는 리사를 보면 가만두지 않겠다고 이를 갈며 이 고비를 견뎌냈다.

월요일의 식사모임은 그렇게 마무리되었다. 다음날 사이먼은 처세술과 관련된 강연을 들었고, 그때 깨달음을 얻었다. 설사 자신이 리사에게 한바탕 화를 내고 비난을 퍼붓는다고 해도, 실질적인 효과를 기대하기 힘들 거라는 생각이 들었다. 게다가 그 일이 도리어 역효과를 내서 자신의 오른팔과 같은 비서를 잃을지도 몰랐다. 그래서 그는 리사의 입장이 되어 이 일을 돌아보기 시작했다. 따지고 보면 그를 화나게 했던 그 요리는 그녀가 재료를 사서 직접 만든 것이 아니었다. 어쩌면 그의 기대치가 너무 높아 더 심각하게 생각했던 면도 없지 않았다. 모든 것을 리사의 탓으로 돌릴 수도 없는 노릇이었다. 이런 생각이 들자 그는 리사에게 화를 낼 것이 아니라, 그동안 자신을 위해 수고해준 그녀의 노고를 칭찬해줄 필요가 있다는 생각이 들었다. 다음 날 사이먼은 리사를 불러 이런 이야기를 해주려 했다. 그런데 리사의 표정은 한소리 들을 것을 직감이라도 한 듯 잔뜩 굳어있었다.

사이먼이 먼저 입을 열었다.

"리사, 그날 점심모임에 자네의 빈자리가 너무 크게 느껴졌다네. 자네가 있었으면 그 모임이 더 완벽하게 마무리되었을 텐데 말일세. 그동안 자네한테 도움을 참 많이 받았다는 걸 새삼 깨달을 수 있었다네. 어쨌든 그날 나온 요리에 문제가 좀 있었지만 자네가 만든 것도 아니니 누구를 탓하겠는가. 자네 실수가 아니니 너무 신경 쓸 필요 없네."

사이먼이 이렇게 말해주자 리사의 표정이 점점 풀어졌다.

"아마 레스토랑 주방에 문제가 있었던 것 같아요. 정말 죄송합니다."

리사가 한결 마음이 편해진 듯 미소를 지으며 말했다.

"리사, 며칠 후에 있을 점심모임만큼은 다시는 저번 같은 일이 벌어지지 않도록 자네가 처음부터 끝까지 직접 신경을 좀 더 써주게."

모임이 열리는 날이 되자 리사는 이전보다 더 완벽하게 테이블을 세팅하고 메뉴 선정과 서빙 순서까지 한치의 소홀함 없이 준비를 했다. 요리에도 더 신경을 써서, 지난번처럼 형편없는 요리로 손님들의 기분을 상하게 하는 일도 없었다. 사이먼과 손님들이 레스토랑에 도착했을 때 테이블 위는 장미꽃으로 아름답게 장식이 되어있었고, 리사가 직접 나서서 손님들이 불편함이 없도록 세심하게 신경을 썼다. 그 덕에 사이먼은 모임을 성공리에 마칠 수 있었다.

사이먼은 자신의 감정을 조절하고 상대방의 입장에 서서 해결책을 찾고자 했다. 그 덕에 두 사람은 불필요한 갈등을 피하고 좀 더 발전적인 관계로 한 단계 나아갈 수 있었다. 리사는 자신 때문에 회사의 중요한 모임을 망쳤다는 것을 알고 있었고, 그 일 때문에 회사를 그만둬야 할지도 모른다고 생각했을 것이다. 하지만 사이먼이 그녀의 입장을 이해해주고 그동안 그녀가 자신을 위해 얼마나 중요한 역할을 해왔는지 인정해주자 그에 대한 신뢰가 더 두터워질 수 있었다.

타인과 갈등을 빚게 되는 가장 큰 이유는 갈등이 폭발하기 전에 상대방의 입장이 되어 생각하는 법을 몰랐기 때문이다. 사실 어떤 문제들이 처음부터 심각했던 것은 아니다. 갈등이 생긴 쌍방이 서로를 이해하려는 노력을 한 번도 하지 않다 보니, 어느새 불필요한 갈등이 불거지고 폭발해 심각한 문제로 번지는 것뿐이다.

> **❓ 심알못 사장을 위한 한마디**
>
> 입장을 바꿔 타인의 생각과 감정을 생각해보는 것은 문제를 해결하기 위한 최고의 방법이다. 늘 자신만 옳다고 생각하는 자기중심적 사고는 과격한 말과 행동을 낳을 뿐이다. 반대로 상대방의 입장이 되어 생각하면 문제를 보는 시야와 이해의 폭이 넓어진다.
> 입장을 바꿔 생각하는 습관을 키우기 위해서는 상대의 말에 귀를 기울이는 노력도 소홀히 하면 안 된다. 우리는 경청을 통해 더 많은 정확한 정보를 얻을 수 있고, 상대에 대한 감정을 푸는 데도 도움을 받을 수 있다.

기준 : 사회적 교류의
심리적 원칙

 인간은 사회적 동물이기 때문에 하루를 살더라도 외부 세계와의 접촉과
교류를 벗어나 존재할 수 없습니다. 어떻게 만났는지, 어떤 성격인지,
무엇을 중요하게 생각하는지 등 사람마다 관계를 맺는 방식과 속도는
모두 다를 수 있습니다. 하지만 사람과 사람의 교류라는 점에서 통용되는
심리적 원칙은 분명히 존재합니다. 그리고 이는 서로 다른 사람들이 만나
관계를 맺기 위한 훌륭한 기준이 되어줄 수 있습니다.

인간관계가 아무리 복잡하게 얽혀 있고, 교류의 목적이나 조건, 기
대치가 사람마다 큰 차이를 보인다 해도, 그 안에 존재하는 심리적
원칙은 모두에게 동일하게 적용된다. 심리학자는 일반성을 고려해
아래와 같은 인간관계의 심리적 원칙을 정리했다.

1. 상호작용의 원칙

연구결과에 따르면 인간관계의 기초는 사람과 사람 사이의 상호존
중과 지지에 있다. 그래서 사회심리학자들은 인간관계의 과정에서
가장 먼저 상호작용의 원칙을 따라야 한다고 말한다.

옛말에 남을 사랑하면 남도 나를 사랑하고, 남을 공경하면 남도

나를 공경한다고 했다. 인간관계에서 사랑과 증오, 친밀함과 소원함은 상호작용의 결과다. 아무 이유 없이 다른 사람에게 끌리거나 좋아하는 사람은 극히 드물다. 누군가가 나를 좋아하게 만들려면, 나 역시 그를 좋아하고 인정하며 지지해야 한다. 우리를 멀리하고 싫어하는 사람이라면 우리역시 그가 싫고 멀리하게 된다.

이런 상호작용의 원칙은 왜 존재하는 것일까? 심리학자들은 사람에겐 자신의 심리적 균형을 유지하려는 본능이 있다고 말한다. 그래서 인간관계에 있어서도 어느 정도 합리성과 타당성을 유지하며 타인과의 관계를 설명하고 싶어 한다. 즉, 우리는 다른 사람이 우호적으로 다가오면 '마땅히' 그 마음에 보답해야 한다고 느낀다. 우리 역시 그에 상응하는 우호적 태도를 보여줘야 할 것 같은 심리적 압박을 느끼고, 그렇게 하지 않으면 심리적 균형이 깨지며 불안감에 휩싸인다.

2. 실리의 원칙

일상 속의 인간관계는 상호작용의 원칙 외에 평등성, 즉 실리의 원칙이 필요할 때가 훨씬 많다. 여기서 말하는 실리란 금전, 재물, 서비스 외에 감정, 존중 등을 포함한다. 바꿔 말해서 사람들은 교류 속에 다소의 가치가 담겨 있기를 희망한다. 인간관계를 통해 자신들에게 가치가 있다고 생각되는 지지, 관심, 도움, 감정적 의지 등을 얻고 싶어 하는 것이다. 그러므로 잃는 것보다 얻는 것이 더 많은 인간관계가 더 지속적이고 적극적으로 유지될 수 있다. 반면에 아무런 가치나 소득이 없는 인간관계는 누구나 멀리하고 피하려 든다. 그렇지 않으면 심리적 균형을 유지하기 힘들기 때문이다.

3. 자아 보호의 원칙

사회심리학 연구에 따르면 누구나 심리적으로 자신의 자아를 보호하려는 경향이 있다. 우리는 인간관계에서 이 점을 충분히 주의해야 한다. 자존감에 타격을 주는 사람을 피하는 것은 당연한 현상이므로, 불필요한 오해나 갈등이 일어나지 않도록 주의해야 한다.

4. 동시성의 원칙

누군가 점진적으로 다가와 우리를 좋아해주면 우리도 그가 점진적으로 좋아지게 된다. 반대의 감정도 마찬가지다. 우리가 타인을 좋아하는 감정은 우리를 좋아해주는 그들의 감정뿐 아니라 그 정도와 질적 변화에 따라 똑같이 달라진다.

❓ 심알못 사장을 위한 한마디

이런 심리적 원칙들은 모든 사적인 인간관계에서 동일하게 적용된다. 심지어 공적인 교류 과정이라 하더라도, 이런 심리적 원칙을 크게 벗어나지 않는다. 특히 가장 중요한 것은 교류과정의 쌍방은 평등한 입장이라는 사실이다. 절대로 상대 위에 군림하려고 들면 안 되며, 타인에게 엄격하고 자신에게 너그러운 태도는 지양해야 한다.

이런 태도는 공평성에 어긋나는 만큼 상대의 반감을 사기 쉽다. 반대로 자신에게 엄격하고 타인에게 너그러워야 상대의 존중을 받을 수 있다.

아무리 친한 친구 사이라고 해도 크고 작은 오해를 완전히 피해가기 어렵다. 만약 이런 상황이 발생하면 상대의 입장에 서서 더 많이 이해하려고 노력해야 한다. 설사 상대가 잘못을 했다고 해도 따지고 들기보다 너그럽게 이해하는 것이 우정을 오래 유지하는 비결이다.

진정한 친구의 충고는 겸허히 받아들이고 기분 나빠하거나 기피하지 말아야 한다. 또한 당신은 상대방의 인격을 충분히 존중하는 모습을 보여야 한다. 자신의 생각을 일방적으로 강요하거나 사사건건 가르치려 해서는 안 된다.

사장을 위한 심리학

초판 1쇄 발행 2019년 5월 15일
초판 6쇄 발행 2024년 8월 5일

지은이 천서우룽
펴낸이 정덕식, 김재현
펴낸곳 (주)센시오

출판등록 2009년 10월 14일 제300-2009-126호
주소 서울특별시 마포구 성암로 189, 1707-1호
전화 02-734-0981
팩스 02-333-0981
전자우편 sensio@sensiobook.com

디자인 Design IF
ISBN 978-89-97142-96-5

소중한 원고를 기다립니다. sensio@sensiobook.com